신사임당, 예술을 사랑한 위대한 어머니

역사를 바꾼 인물들 11

신사임당, 예술을 사랑한 위대한 어머니

초판 1쇄 2017년 2월 20일 | **초판 2쇄** 2022년 6월 20일
지은이 황혜진
그린이 원유미
펴낸이 신형건
펴낸곳 (주)푸른책들 · **임프린트** 보물창고
등록 제321-2008-00155호
주소 서울특별시 서초구 양재천로7길 16 푸르니빌딩 (우)06754
전화 02-581-0334~5 | **팩스** 02-582-0648
이메일 prooni@prooni.com | **홈페이지** www.prooni.com
인스타그램 @proonibook | **블로그** blog.naver.com/proonibook

ⓒ (주)푸른책들, 2017

ISBN 978-89-6170-572-1 74990

＊잘못된 책은 구입한 곳에서 바꾸어 드립니다.
＊이 책 내용의 일부 또는 전부를 재사용하려면 반드시 저작권자와
(주)푸른책들 양측의 서면 동의를 얻어야 합니다.

이 도서의 국립중앙도서관 출판시도서목록(CIP)은 서지정보유통지원시스템 홈페이지(http://seoji.nl.go.kr)와
국가자료공동목록시스템(http://www.nl.go.kr/kolisnet)에서 이용하실 수 있습니다.
(CIP제어번호: CIP2016022153)

보물창고는 (주)푸른책들의 유아, 어린이, 청소년 도서 임프린트입니다.

신사임당,
예술을 사랑한 위대한 어머니

황혜진 글 | 원유미 그림

보물창고

■ 글쓴이의 말

신사임당, 꿈과 희망의 마중물이 되다

'신사임당' 하면 가장 먼저 떠오르는 것이 무엇인가요? 율곡 이이의 어머니, 현모양처, 오만 원짜리 지폐의 주인공.

아마 대부분 비슷한 것을 떠올리겠지요. 이러한 이유로 신사임당은 오늘날까지 존경받는 위인이 되었습니다. 하지만 신사임당이 존경받는 더 중요한 이유는 따로 있습니다.

신사임당은 여성의 능력을 제대로 발휘할 수 없던 조선 시대에 태어나, 자신의 뛰어난 재능을 숨긴 채 집 안에 갇혀 살아야 했습니다. 높은 벼슬에 오를 수도 없었고, 남편과 자식들을 뒷바라지하느라 자신의 삶을 마음껏 누릴 수도 없었습니다. 그러나 오늘날까지 전해지는 신사임당의 그림과 시와 글씨에는 진한 감동과 울림을 뛰어넘는 무언가가 있습니다.

바로 신사임당의 피나는 노력과 뜨거운 열정, 집요하리만치 끈질긴 의지와 집념입니다. 뭐든지 쉽게 포기하고 누군가에게 의지하려는 나약함이 더 익숙한 오늘날, 우리가 반드시 배워야 할 덕목이기도 하지요. 이것이 앞서 말한, 신사임당이 존경받는 가장 중요한 이유입니다.

이 책을 통해 새로이 발견하게 될 '예술가 신사임당'의 참된 모습이 여러분의 꿈에 한 발짝 더 가까이 다가갈 수 있는 마중물이 되기를 바랍니다.

-2016년 겨울 황혜진

차 례

1. 인선, 어질고 착한 아이 • 9
2. 풀과 벌레를 사랑한 어린 화가 • 19
3. 태임을 본받다 • 30
4. 하늘을 움직인 정성 • 37
5. 십 년의 약속 • 44
6. 놋 쟁반에 피어난 매화 • 58
7. 치마폭 위에 열린 포도송이 • 74
8. 범상치 않은 아이 현룡의 탄생 • 80
9. 현명한 아내, 위대한 어머니 • 92
10. 사임당의 예술혼, 향기로 되살아나다 • 104

글쓴이의 말 • 4
역사인물 돋보기 • 119

1. 인선, 어질고 착한 아이

"이 생원 댁 아씨가 이번에 또 딸을 낳았대요."

"아이고, 외동딸이 또 딸을 낳았으니……. 딸 부잣집이네그려."

"쯧쯧, 그 댁은 그렇게 아들 복이 없을까?"

우물가에서 빨래를 하던 아낙들이 옹기종기 모여 앉아 수군거렸다.

"그래도 함부로 말하지 말아요. 그 댁이 비록 아들은 없어도 어디 보통 집안이우?"

지나가던 아낙이 한마디 거들며 발걸음을 재촉했다.

1504년 10월 29일, 이사온은 기다리던 외손자 대신 외손녀를 얻었다. 둘째 딸을 낳은 이씨 부인은 몹시 서운했다. 아버지 이사온과 남편 신명화는 내색은 하지 않았지만 은근히 아들을 기다리는 눈치였다. 그래서 이번만큼은 아들을 낳아 부모님과 남편을 기쁘게 해 주고 싶었다.

"고생했소, 부인. 몸은 괜찮소?"

부인의 출산 소식을 듣고 한양에서 부랴부랴 강릉으로 온 신명화가 걱정스럽게 묻자, 이씨 부인은 더욱 미안해 고개를 들 수가 없었다.

"괜찮습니다. 많이 섭섭하시지요?"

"그게 어디 사람의 힘으로 되는 일이오? 그러니 너무 심려 마시오, 부인. 이 아이 또한 귀한 자식이니 잘 키웁시다."

이렇게 태어난 아이가 바로 인선으로, 훗날 우리에게 '신사임당'으로 잘 알려진 인물이다.

인선은 가족들의 사랑을 독차지하며 곱고 바르게 자랐다. 또한 어른들을 깜짝 놀라게 할 만큼 총명하고 재주가 뛰어났다.

"인덕아, 인선아, 이리 건너오너라."

할아버지 이사온이 부르자 아이들이 경쟁하듯 한달음에 문지방을 뛰어넘어 달려갔다.

"인덕아, 이제 너는 여덟 살이 되었으니 부지런히 글공부를 해야 한다. 인선이는 아직 어리지만 네 언니가 하는 것을 보고 잘 배워 두어라."

할아버지는 힘 있는 글씨체로 한 획 한 획 정성껏 글자를 써 내려 갔다.

"너희에게도 각자 이름이 있듯이 이 글자들에도 각각의 뜻과 소리가 있다. 자, 따라 읽어 보아라."

"하늘 천, 따 지, 검을 현, 누를 황……."

인덕과 인선은 입을 맞춰 소리 높여 따라 읽었다. 아이들의 글공부는 여기서 끝이 아니었다.

"그다음에 나오는 글자들도 따라 읽어 보아라. 집 우, 집 주, 넓을 홍, 거칠 황."

"집 우, 집 주, 넓을 홍, 거칠 황……."

이번에도 아이들은 목청껏 따라 읽었지만, 어쩐지 인선의 표정이 밝지 않았다.

"그래, 아주 잘했다. 내일 이 할아비가 다시 물어볼 것이니 잘 익혀 두도록 해라. 이제 그만 건너가거라."

이사온은 그런 아이들의 모습을 흐뭇하게 바라보았다.

인선은 할아버지가 내 주는 숙제를 잊는 법이 없었다. 그야말로 하나를 알려 주면 열을 아는 훌륭한 제자였다.

'하늘은 검고 땅은 누렇다. 우주는 넓고 거칠다……?'

인선은 고개를 갸웃했다. 방금 전 이 내용을 배울 때부터 파란 하늘을 왜 검다고 하는지, 또 땅을 왜 누렇다고 하는지 선뜻 이해가 되지 않았다. 골똘히 고민하던 인선은 바로 할아버지에게 달려가서 묻고 싶었지만, 스스로 충분히 생각해 본 뒤에 질문하기로 했다. 인선은 모르는 것이 있으면 잘 기억해 두었다가 다음 날 할아버지에게 반드시 물어 궁금증을 해결했다. 그렇게 한 글자씩 천천히 따라 쓰며 읽다 보니 어느덧 『천자문』이 입에 붙어 글공부가 더욱 재미있어졌다.

할아버지는 인선이 『천자문』을 모두 깨우치자 이번에는 『사자소학』을 읽게 했다. 인선은 새로운 학문을 배우는 것을 두려워하지 않았다.

'허허, 인덕이를 가르치려고 시작했거늘 어깨너머로 배우는 녀석이 제 언니를 넘어섰구나……. 쯧쯧, 저 녀석이 고추만 하나 달고 나왔다면 얼마나 좋았을꼬.'

이사온은 이렇게 영리한 인선이 딸이라는 사실이 못내 아쉬웠다. 하지만 곧 열 아들 부럽지 않은 딸로 키우기 위해 남은 열정을 모두 쏟아부었다. 틈만 나면 손녀들을 불러 가르쳤고, 그 재미에 점점 깊이 빠져들었다.

인선은 주로 글공부를 하거나 할아버지가 준 책을 읽으며 시간을 보냈다. 그러다가 따분해지면 그림을 그리거나 어머니가 쓰고 남은 자투리 천 조각에 수를 놓기도 했다. 인선은 글공부 못지않게 그림에서도 남다른 두각을 나타냈다. 바느질 솜씨 또한 어깨너머로 보고 따라 하는 것치고 매우 빼어났다.

"마치 바느질을 배운 것 같구나. 힘들지 않더냐?"

"어머니가 바느질하시는 것을 보고 흉내만 냈을 뿐이에요."

인선이 수놓은 천 조각을 보고 어머니 이씨 부인은 매우 흐뭇했다. 호기심이 많은 아이인 줄은 진작 알았지만, 바느질 솜씨는 눈으로 보고도 믿기지 않을 지경이었다.

인선은 글공부를 하는 것도, 그림을 그리는 것도, 바느질을 하는 것도 좋았지만, 뭐니 뭐니 해도 밖에 나가서 새로운 세상을 구경하고 싶었다. 산과 들로 놀러 나가고도 싶었고, 사내아이들처럼 글공부를 하러 서당에 가고도 싶었다. 하지만 조선 시대에는 여자가 집 밖에 함부로 나갈 수 없었고, 바깥에 나갈 일이 있을 때는 장옷이나 쓰개치마로 얼굴을 가려야 했다. 또 '남녀칠세부동석'이라고 하여 남성과 여성을 어렸을 때부터 구별해 함께 어울려 놀 수도 없었다. 여자아이들은 서당에 가서 교육을 받는 대신 집 안에서 살림에 필요한 것들을 배워야 했다.

이러한 시대적 관습 때문에 글공부를 좋아하는 인선의 서당은 할아버지 방이었고, 놀이터는 까마귀처럼 줄기가 검은 대나무가 빽빽이 들어선 집 뒤뜰이 전부였다. 뒤뜰에서 만나는 꽃, 나무, 풀, 곤충들은 바깥세상에 대한 궁금증을 잊게 해 줄 만큼 훌륭한 벗이 되었다. 하지만 겨울에는 이 모든 것을 할 수 없으니, 인선에게 겨울은 무료하기 짝이 없는 계절이었다.

인선의 그림 속 주인공이 되어 주던 벗들은 오간 데 없고, 앙상한 나뭇가지에 눈꽃이 만발한 어느 겨울날이었다.

"어머니, 어서 봄이 되었으면 좋겠어요."

"무슨 연유로 그러느냐?"

"예쁜 풀꽃이 피는 봄이 되면 뒤뜰에 나가 그림을 그릴 거예요. 그리고 한양에서 아버지도 오실 테고요."

"아버지가 보고 싶어 그러는 게로구나."

"예. 이번에 오실 때는 어떤 선물을 사 오실까요? 붓이랑 먹이랑 종이, 그리고 그림책도 갖고 싶어요."

이제 겨우 일곱 살인 인선이 진심으로 그리워한 것은 봄이 아니었다. 멀리 한양에 떨어져 지내며 일 년에 한두 차례 강릉에 내려오는 아버지였다.

인선은 강릉의 북평 마을 외갓집에서 태어나 그곳에서

어린 시절을 보냈다. 인선의 어머니 이씨 부인은 당시 관습에 따라 남편 신명화와 결혼해 한양 시댁으로 떠났다. 그런데 첫딸 인덕을 낳고 난 뒤 친정어머니가 병들었다는 소식을 들었다.

"서방님, 예로부터 여자가 혼인을 한 뒤에는 남편을 따라야 한다는 것을 저도 잘 알고 있습니다. 하지만 친정 부모님께는 자식이 저 하나뿐인데, 저마저 이곳에 와 있으니 친정어머니를 돌볼 사람이 없습니다. 어머니를 생각할 때마다 제 마음이 편치 않습니다. 그러니 제가 강릉으로 내려가 어머니를 돌보는 것이 어떻겠습니까?"

신명화는 처음에는 말도 안 된다고 생각했지만, 곧 이씨 부인의 효심에 깊이 감동했다.

"듣고 보니 부인의 마음이 얼마나 힘들었을지 짐작이 되는구려. 내가 미처 생각을 못 했소. 미안하오, 부인. 당신 뜻대로 합시다."

이씨 부인은 친정어머니를 지극정성으로 간호하며 강릉 친정에 오래도록 머물렀다. 부인과 아이들을 만나기 위해서는 신명화가 한양과 강릉 사이의 굽이굽이 먼 길을 오가는 수밖에 없었다. 그러니 맵찬 겨울과 무더운 여름을 피해 고작 일 년에 한두 번 왕래할 뿐이었다.

'쯧쯧, 가엾기도 하지. 한창 아버지의 사랑을 듬뿍 받으며 자랄 나이인데…….'

인선은 어머니가 길게 설명해 주지 않아도 아버지와 떨어져 외갓집에 살아야 하는 자신의 상황을 이해했다. 또 먼 길을 오가는 아버지의 처지를 깊이 헤아려 떼를 쓰거나 졸라 대는 법이 없었다. 그런 인선의 모습을 보며 이씨 부인은 더욱 안타까운 마음이 들었다.

2. 풀과 벌레를 사랑한 어린 화가

 끝나지 않을 것만 같던 겨울의 기세도 한풀 꺾이고, 인선이 그토록 기다리던 봄이 되었다. 풀꽃들이 싱그러운 기운을 내뿜기 시작하자 잔뜩 움츠려 숨어들었던 곤충들도 하나둘씩 모습을 드러냈다.

 인선은 매일 글공부를 마치고 집 뒤뜰로 나가곤 했다. 인선에게 뒤뜰은 날마다 새롭고 설레는 비밀 장소였다. 인선의 넘치는 호기심을 채워 주고도 남을 만큼 다양한 벌레들과 풀, 꽃, 나무들을 누구의 방해도 받지 않고 자세히 살펴볼 수 있었기 때문이다. 인선은 작은 풀벌레 한 마리조차 예사로 보는 일이 없었다.

'오늘은 어떤 곤충을 볼 수 있을까?'

글공부를 끝낸 인선은 어김없이 뒤뜰로 조심조심 발걸음을 옮겼다. 나비가 얼굴을 스치듯 가볍게 날아가고, 개미들은 어딘가로 바삐 기어가고 있었다. 아직 이슬도 채 마르지 않은 촉촉한 풀잎 향기가 상쾌했다.

'어! 이 녀석 참 신기하다!'

인선의 눈에 띈 곤충은 바로 사마귀였다. 여치나 메뚜기와 비슷한 듯하면서도 사뭇 다른 생김새가 인선의 관심을 끌었다. 인선은 사마귀가 도망갈세라 숨죽이고 그 작은 곤충의 움직임 하나하나를 놓치지 않고 지켜보았다. 눈앞에 맴도는 벌을 노려보는 것 같은 사마귀의 표정에 인선은 반하고 말았다. 그렇게 무언가에 몰두해 정신없이 들여다보고 있노라면 인선은 시간 가는 줄도 몰랐다. 그러다가 돌멩이든 나뭇가지든 손에 잡히면 그것은 바로 붓이 되었고, 땅바닥은 종이가 되었다.

'조금만 더 내 앞에 있어 주렴. 그래, 그대로 조금만.'

어느새 인선은 엎드린 채로 땅바닥에다가 사마귀를 그리기 시작했다. 그림을 채 완성하기 전에 사마귀가 도망

갈까 봐 인선의 마음은 분주했다. 인선의 그림은 재빠른 손놀림 끝에서 나온 것이라고 믿을 수 없을 정도로 섬세했다.

"인선아, 인선아!"

그때 인선을 애타게 찾는 인덕의 목소리가 들려왔다. 하지만 그림 그리는 데 온 정신이 팔려 있던 인선은 언니의 목소리를 듣지 못했다.

"도대체 어디에 있니? 인선아, 대답 좀 하렴!"

인덕은 대나무 숲을 이리저리 기웃거리다가 바닥에 웅크리고 무언가를 열심히 하고 있는 인선을 발견했다. 애타게 찾는 소리에 대답 한마디 없던 동생이 야속해 화를 낼 법도 하건만, 인덕은 인선이 땅바닥에 그려 놓은 그림을 보고 입이 떡 벌어졌다.

"어머나, 살아 있는 사마귀와 정말 똑같구나!"

인덕이 감탄하며 꼼짝 않고 서 있는 동안 뒤에서 누군가 다가오고 있었다.

"어디, 이 아비도 우리 인선이 그림 좀 볼까?"

"아, 아버지!"

인선은 아버지 신명화의 목소리를 듣고 깜짝 놀라 그제야 온전히 정신을 차렸다. 생각해 보니 아침부터 집안 분위기가 매우 분주했다. 구석구석을 쓸고 닦느라 모두 정신이 없었고, 온 집 안에 맛있는 음식 냄새가 가득했다. 한양에서 아버지가 오는 날이면 으레 볼 수 있는 풍경이었다.

인선은 긴긴 겨울을 보내고 오랜만에 만나는 아버지를 힘껏 껴안았다.

"어이구, 그래. 우리 인선이 정말 많이 컸구나!"

신명화는 아이들 앞에서 태연한 척하려고 애썼지만, 인선의 그림에서 눈을 뗄 수가 없었다.

'허허, 녀석. 인선이는 그림에 타고난 재주가 있구나.'

신명화는 인선이 딸인 것이 안타까웠다. 아들을 바랐기 때문이 아니라 여자이기 때문에 뛰어난 재주를 마음껏 펼칠 수 없는 세상이 원망스러웠다.

"부인, 어서 와서 이 그림을 좀 보시오."

"이 아이의 재주는 저도 이미 잘 알고 있습니다."

인선의 그림 실력은 하루가 다르게 발전했다. 이씨 부인은 아이들과 함께 지내며 인선의 그림을 자주 보았지만, 볼 때마다 터져 나오는 감탄을 숨길 수 없었다.

부모님의 칭찬을 들은 인선은 너무 기뻐 몸 둘 바를 몰랐다. 하지만 한편으로는 옆에 있는 언니 인덕의 마음이 상할까 봐 염려되기도 했다.

"요즘 글공부는 얼마나 하고 있느냐? 혹시 그림을 그린다고 글공부를 소홀히 하고 있지는 않겠지?"

신명화는 인선의 다른 그림을 더 보고 싶었지만, 언니의 기분까지 헤아리는 속 깊은 인선의 마음을 눈치채고는 짐짓 엄한 목소리로 물었다.

"매일 꾸준히 글공부를 하고 있습니다."

인선이 아버지의 눈치를 살피며 대답하자, 신명화는 인선에게 줄 선물을 꺼냈다. 인선이 그토록 갖고 싶어 하던 붓과 먹, 종이와 벼루였다.

"자, 이제 네 마음껏 그리고 써 보아라."

"아버지, 고맙습니다. 꿈에서도 갖고 싶었던 물건들이

에요. 정말 고맙습니다."

인선은 머리가 땅에 닿을 정도로 허리를 굽혀 인사하고는 쏜살같이 방으로 들어갔다. 신명화는 인선이 어떤 그림을 그릴지, 어떤 글씨를 쓸지 궁금했지만 인선에게 혼자만의 시간을 주기로 했다. 인선은 방문을 닫고 들어가 몇 시간째 꼼짝도 하지 않았다.

그때 이 생원이 사위 신명화를 자신의 방으로 불러들였다.

"그래, 한양에 계신 안사돈께서는 무고하시지?"

"예, 늘 염려해 주시는 덕분에 평안히 잘 계십니다."

"오랜만에 아이들을 만나니 어떤가? 많이 컸지? 특히 인선이는 그림에 타고난 소질이 있는 것 같네. 자네도 인선이의 그림을 보지 않았는가. 자네 생각은 어떤가?"

"가르쳐 준 적도 없는데 스스로 그렇게 그림을 잘 그리다니, 정말 놀랐습니다. 다음에는 인선이에게 도움이 될 만한 것들을 한양에서 구해 와야겠습니다."

"그럼, 그래야지. 아이의 재능을 알고 있으면서도 딸이라는 이유로 살림만 가르칠 순 없지 않겠나."

자신의 재능을 인정해 주고 뒷바라지해 주려는 아버지와 할아버지가 있다는 사실만으로도 인선에게는 크나큰 행운이 아닐 수 없었다.

"저, 장인어른. 인선이에게 저기 걸려 있는 저 산수화 족자를 보고 따라 그려 보게 하면 어떨까 합니다. 어려울 것 같기도 하지만 경험 삼아 시켜 보고 싶습니다."

신명화가 가리킨 산수화 족자는 다름 아닌 안견의 〈몽유도원도〉였다.

"그래, 언제 한번 시켜 보도록 하세."

신명화가 이야기를 끝내고 밖으로 나왔지만, 여전히 인선의 모습은 보이지 않았다. 신명화는 더 이상 참지 못하고 살며시 방문을 열어 보았다. 종이 위에는 글씨 대신 온갖 풀벌레들이 기어 다녔고 갖가지 꽃들이 활짝 피어 있었다. 마치 종이 위에 뒤뜰을 그대로 옮겨 온 듯했다. 신명화는 아버지와 멀리 떨어져 지내면서도 훌륭하게 잘 자라고 있는 인선이 기특했다.

신명화가 강릉에 온 지 몇 주가 흘렀다. 한양으로 돌아가야 할 날이 가까이 다가올수록 신명화의 가슴속에는 헤어짐에 대한 아쉬움이 점점 더 크게 자리 잡아 갔다. 신명화는 인선과 지내는 날이 하루하루 거듭될수록 전에는 미처 몰랐던 인선의 총명함에 깜짝깜짝 놀라며 탄복했다. 신명화는 한양으로 돌아가기 전에 인선에게 〈몽유도원도〉를 그려 보게 해야겠다고 마음먹었다.

"인선아, 이 그림을 어디서 보았는지 알겠느냐?"

"예, 아버지. 이 그림은 할아버지 방에 걸려 있는 그림이 아닙니까."

"그래, 잘 보았다. 이것은 안견이 그린 〈몽유도원도〉란다. 안평 대군이 신선이 사는 아름답고 신비한 도원을 여행하는 꿈을 꾸고 나서, 최고의 산수화가인 안견에게 그 이야기를 들려주어 그리게 한 그림이지. 네가 이 그림을 따라 그려 볼 수 있겠느냐?"

"제가 감히 흉내라도 낼 수 있을지 모르겠지만, 한번 해 보겠습니다."

신명화는 인선에게 붓과 종이를 건네주고, 조용히 먹을 갈며 인선의 곁을 지켰다. 얼마나 시간이 흘렀을까, 인선이 자신 없는 표정으로 그림을 내밀었다.

"아, 아버지. 역시 대가의 그림이라 그런지 따라 그리는 것조차 어렵습니다."

"아니다, 아니야. 이 정도면 아주 훌륭하구나. 허허허! 아주 잘 그렸다."

신명화의 호탕한 웃음소리를 듣고 모여든 가족들은 인선이 그린 〈몽유도원도〉를 보고 저마다 한마디씩 보탰다.

"세상에! 그림에 대고 따라 그려도 이 정도는 못 그릴 것 같아."

"아이고, 정말로 저 어린것이 혼자서 이걸 그렸다는 게야? 역시 우리 인선이구나."

"아직 많이 부족한 그림인데 다들 이러시니 너무 부끄럽습니다."

인선은 가족들의 진심 어린 칭찬에 몸 둘 바를 몰랐다.

"서방님, 얼마 전에는 참 신기한 일이 있었지요. 인선이가 그린 곤충 그림을 평상에 펼쳐 놓았는데 그 위로 닭들이 달려들지 않겠습니까. 깜짝 놀라서 다가가 보니 닭들이 그림 속 곤충을 쪼아 대고 있지 뭡니까. 닭들이 보기에도 진짜 곤충처럼 보였나 봅니다."

"어머니도 차암……."

인선이 얼굴을 붉히며 귀엽게 눈을 흘겼다.

가족들의 칭찬이 담을 너머 마을 사람들에게까지 전해지기 시작했다. 하지만 인선은 지금까지 그랬던 것처럼 뽐내는 기색 하나 없었다. 오히려 더 열심히 그리고 또 그리고, 고치고 또 고치며 연습에 열중했다. 특히 〈몽유도원도〉를 몇 번이고 다시 따라 그리며 그림 실력을 키워 나가기 시작했다.

3. 태임을 본받다

　인선은 여느 날과 마찬가지로 책을 읽으며 하루를 시작했다. 아버지가 다가오는 기척도 느끼지 못한 채 책 읽기에 열중하고 있었다.
　"흠흠……."
　"어! 아버지, 언제 오셨습니까? 오신 줄도 몰랐습니다."
　"이 아비가 책 읽는 데 방해가 되지는 않았는지 모르겠구나. 『사략』을 읽고 있구나. 과연 외할아버지께 들은 대로 훌륭하구나."
　"할아버지께서 저를 그저 예쁘게만 봐 주셔서 그렇습니다."

아버지에게 칭찬을 받아 무척 기분이 좋았지만, 인선은 그럴수록 고개를 숙일 줄 아는 열두 살의 소녀가 되어 있었다.

"그런데 너는 왜 그렇게 열심히 공부를 하느냐? 이 시대의 아녀자들이 어떤 삶을 살아가는지 잘 알고 있을 텐데 말이다."

"여자도 글을 배워 현명해져야 남편을 잘 섬길 수 있고, 자식을 잘 가르칠 수 있다고 어머니께서 말씀하셨습니다. 그러니 게으름 피우지 말고 부지런히 공부하라고 하셨습니다."

예의의 기본에 관해 설명하고 있는 중국의 오래된 책 『예기』에 '삼종지도'라는 말이 나온다. 삼종지도는 '여자가 따라야 할 세 가지 도리'라는 의미로, 어려서는 아버지를 따르고, 결혼해서는 남편을 따르며, 남편이 죽은 뒤에는 자식을 따라야 한다는 뜻이다. 인선의 어머니는 인선에게 '삼종지도'에 따른 조선 시대 평범한 여성들의 삶을 가르쳤던 것이다.

신명화는 인선의 똑 부러지는 대답을 들으니 인선이 안

쓰러워 가슴이 아팠다. 남편과 자식의 뒷바라지만 하기에는 인선의 재능이 매우 뛰어났기 때문이다.

"그래, 어머니 말씀이 맞다. 그러나 자신이 앞으로 살아가야 할 길을 정하고 바른길을 찾는 것은 비단 사내들만의 임무는 아니다. 너도 그 길을 찾기 위해 부단히 노력해야 한다."

신명화는 인선에게 자신의 마음을 들킬세라 표정을 감추고 말했다.

"예, 아버지. 무슨 말씀인지 잘 알겠습니다. 하지만 쉬운 일이 아닌 것은 확실한 것 같습니다."

인선은 골똘히 생각에 잠겼다. 신명화는 그런 인선을 애틋하게 바라보았다.

"인선아, 네 길을 찾았다면 네 삶에 등대가 되어 줄 스승을 마음속에 담아 두고 살려무나. 그럼 더 훌륭한 사람이 될 수 있을 게다."

인선은 아버지의 뜻을 완전히 헤아리기에는 아직 어렸지만, 아버지의 이야기를 듣고 나니 가슴속에서 무언가 꿈틀거리는 것 같았다. 인선은 자기도 모르는 사이에 두

주먹을 불끈 쥐며 눈을 반짝였다.

인선은 아버지가 한양으로 돌아간 뒤에도 아버지의 이야기를 되새기며 등대 같은 스승을 찾는 데 온 신경을 쏟았다. 누구를 스승으로 삼느냐에 따라 자신의 삶이 달라질 것이라고 생각했기 때문이다. 그래서 여러 날 동안 신중하게 고민했다. 인선은 그러는 동안에도 그림 그리기와 책 읽기를 조금도 소홀히 하지 않았다.

늘 그렇듯 여유롭고 평화로운 오죽헌의 작은 방에서 인선은 하루를 시작했다. 인선이 태어나고 자란 외갓집 뒤뜰에는 검은 대나무가 빽빽하게 자라고 있었다. 그래서 마을 사람들은 그 집을 '오죽헌'이라고 불렀다. '까마귀처럼 검은 대나무가 있는 집'이라는 뜻이었다.

스승 찾기에 여념이 없던 인선은 우연히 『열녀전』을 읽게 되었다. 옛날부터 전해져 내려오는 중국의 유명한 여성들의 이야기를 엮은 『열녀전』은 총 일곱 권으로 이루어져 있었다. 인선은 그중에서 역사를 바꾼 훌륭한 어머니들의 이야기가 담긴 첫 번째 책을 읽고 있었다.

인선은 수많은 이야기 가운데 특히 중국 주나라 문왕의 어머니인 태임의 이야기를 읽고 깊은 감명을 받았다.

태임은 문왕이 배 속에 있을 때부터 임금이 지켜야 할 도리를 가르쳤다. 또한 워낙 성품이 단정하고 성실하여, 눈으로는 마음이 어지러워지는 색깔을 보지 않았고, 귀로는 천하고 교양 없는 소리를 듣지 않았으며, 입으로는 겸손하지 않은 말을 꺼내지 않았다. 또 서 있을 때는 발을 헛디디지 않았으며, 반듯한 자리가 아니면 앉지도 않았고, 제대로 썰지 않은 음식은 먹지도 않았다. 이렇게 지극한 정성으로 열 달 동안 배 속의 아기를 품은 뒤 문왕을 낳았는데, 문왕은 하나를 가르치면 백을 알 만큼 총명했다. 그는 오십 년 동안이나 왕의 자리에 있으면서 백성들에게 덕을 베풀었고, 어질고 뛰어난 임금으로 역사에 길이 남았다. 인선은 문왕을 훌륭한 임금으로 길러 낸 태임의 정성과 가르침을 보고 무릎을 탁 쳤다.

'아, 나도 이렇게 훌륭한 어머니가 되고 싶어. 지금처럼 열심히 글공부를 하고 그림을 그린다면, 내가 낳을 아이들을 태임처럼 잘 가르칠 수 있겠지. 나는 반드시 지혜롭

고 현명한 어머니가 될 거야!'

태임의 이야기가 인선의 뇌리에 깊이 박혀 떠나지 않았다. 인선은 전율과도 같은 감동에 한동안 책장을 넘길 수가 없었다.

"사임당…… 사임당…… 사임당……."

인선은 혼자서 소리 내어 조심스럽게 읊조렸다.

인선은 호를 '태임을 본받는다.'는 의미의 '사임당(師任堂)'으로 지었다. 인선은 이름 대신 불리게 될 '사임당'이라는 호가 무척 마음에 들었다. 마침내 인선은 자신의 삶을 밝게 비춰 줄 스승을 찾아낸 것이다.

4. 하늘을 움직인 정성

 어느덧 열여덟 살이 된 인선은 언니 인덕이 시집을 간 뒤로 장녀 역할을 도맡아 했다.

 인선은 나이가 들어 몸이 약해진 외할머니를 간호하느라 힘든 어머니 이씨 부인에게 큰 힘이 되어 주었다. 이씨 부인은 한시도 자신의 어머니 곁을 떠나지 않았고, 잠시도 한눈파는 일이 없었다. 인선은 그런 어머니를 대신하여 집안 살림을 꾸렸으며, 아직 어린 동생들을 돌보기도 했다.

 어머니 이씨 부인의 정성 어린 간호에도 불구하고, 오래지 않아 인선의 외할머니는 세상을 떠나고 말았다. 효성이 깊은 이씨 부인의 상심은 이루 말할 수 없었다.

그때 한양에 있던 인선의 아버지 신명화는 장모님이 세상을 떠났다는 소식을 뒤늦게 전해 들었다.

'나를 늘 믿어 주시고 자랑스러워하셨는데……. 나는 장모님의 마지막 순간을 지키지도 못했구나.'

신명화는 자기도 모르게 주르륵 흐르는 눈물을 닦으며 강릉으로 향하는 발걸음을 재촉했다. 슬픔에 잠겨 제대로 먹지도 못하고, 편히 자지도 못한 채 걷고 또 걸었다.

"어이구, 이러다 병나시겠습니다. 좀 쉬었다가 가십시오."

함께 길을 가던 사람들이 걱정스러운 마음에 신명화를 말렸지만, 신명화는 막무가내였다.

'장모님은 이미 떠나셨지만, 부인과 아이들이 얼마나 깊은 슬픔에 빠져 있을꼬. 내가 한시바삐 가서 그들을 달래 주어야 해.'

강릉을 얼마나 남겨 놓았을까. 신명화는 결국 병이 나 쓰러지고 말았다.

한편, 장례를 치르고 얼마 지나지 않아 웬 낯선 이가 황급히 이씨 부인을 찾아왔다. 이씨 부인은 경황이 없는 중에도 자신을 찾아온 낯선 손님에게 예의를 갖추었다.

"이리 앉으십시오. 무슨 일이십니까?"

"예, 저는 강릉에 사는 김순효라고 합니다. 제가 한양을 다녀오던 길이었는데, 함께 오시던 신명화 공께서 갑자기 쓰러지셨습니다. 지금 횡계역에 간신히 도착해 계시긴 하지만, 위급한 상황인 듯하여 송구스럽지만 제가 찾아왔습니다."

충격적인 소식을 들은 이씨 부인은 그만 정신을 잃고 말았다. 어머니를 여읜 지 며칠 지나지 않아 남편마저 쓰러졌다는 소식을 들으니 하늘이 무너지는 것 같았다.

정신이 돌아온 이씨 부인은 인선과 함께 서둘러 남편 신명화가 있는 곳으로 갔다. 직접 보니 신명화의 병세는 생각했던 것보다 훨씬 더 심각했다. 이씨 부인과 인선은 신명화를 의원으로 데려가기 위해 밤길도 마다하지 않았다. 그러나 용하다는 의원도, 좋다는 약도 신명화에게는 아무 소용이 없었다.

이제 의지할 곳은 하늘뿐이었다. 이씨 부인은 신명화의

병이 낫길 바라며 일곱 낮, 일곱 밤을 한숨도 자지 않고 기도를 올렸다.

"하늘이시여! 착한 사람에게 복을 내리고 악한 사람에게 재앙을 내리는 것이 하늘의 이치인 줄 알고 있습니다. 맹세코, 제 남편은 지금껏 살아오면서 나쁜 행동을 하지 않았습니다. 부모님을 모시느라 열여섯 해를 남편과 떨어져 살았는데, 어머니에 이어 남편마저 데려가시렵니까. 어찌하여 제게 이다지도 혹독하시단 말입니까."

이씨 부인의 기도에는 그동안 쌓인 남편에 대한 그리움과 안타까움이 절절히 배어 있었다.

"부모님께 받은 몸은 머리카락도 함부로 다치게 해서는 안 된다는 것을 잘 알고 있습니다. 하지만 제 남편은 저에게 하늘일진대, 그 하늘이 무너진다면 제가 어찌 살아가겠습니까. 제 몸을 바쳐 남편의 목숨을 살릴 수만 있다면 저는 그 무엇도 아깝지 않습니다."

한참 동안 흐느끼던 이씨 부인은 큰 결심을 한 듯 품속에서 은장도를 꺼냈다. 그러고는 왼손 가운뎃손가락 마디를 그은 뒤 피를 흘리며 하늘에 대고 빌고 또 빌었다.

정성이 지극하면 하늘도 감동한다고 했던가. 이씨 부인이 기도를 마치고 돌아온 다음 날 아침, 놀라운 일이 벌어졌다.

"서방님! 정신이 드십니까?"

금방이라도 숨이 끊어질 것만 같던 신명화가 기력을 되찾았다. 가족들은 영문을 모른 채 그저 기적이 일어났다며 기뻐했다.

신명화를 비롯한 마을 사람들은 이씨 부인이 자신의 손가락을 베면서까지 하늘에 기도했다는 사실을 한참 뒤에야 알게 되었다.

"그럼 그렇지. 기적이 그렇게 쉽게 일어나면 기적이 아니지!"

"사람들이 모두 헛수고라고 할 때도 그렇게 지극정성이더니, 부인의 정성 덕분에 살았지 뭐야."

곧 이씨 부인의 이야기는 마을 전체에 퍼졌다. 그리고 마침내 이 이야기가 임금에게까지 알려지면서, 이씨 부인의 행동을 오래도록 기억하고 널리 알려 칭찬하기 위해 열녀문이 세워졌다.

이처럼 이씨 부인은 부모님을 어떻게 모셔야 하는지, 남편을 어떻게 섬겨야 하는지 직접 행동으로 보이고 몸소 실천함으로써 자식들을 가르쳤다.

5. 십 년의 약속

 죽음의 문턱까지 다녀온 신명화는 인선의 결혼을 서둘러야겠다는 생각이 들었다. 죽을 고비를 넘기고 살아나기는 했지만 여전히 몸이 약했기 때문에 자신을 대신해 인선을 잘 보살펴 줄 수 있는 짝을 하루빨리 찾아 주고 싶었다.

 인선은 예술적인 능력이 뛰어나고 인성이 좋은 최고의 규수라고 멀리 한양까지 소문이 나 있던 터였다. 그래서 인선을 며느리로 삼고 싶어 하는 집안은 많았지만, 신명화는 눈에 차는 신랑감을 쉽게 찾을 수 없었다.

 '학문이 깊은 청년이라면 아내가 똑똑한 것을 싫어할 것이고, 우리 집안과 비교할 수 없이 부유한 집안의 자제라면 인선이가 기를 펴지 못할 것이니 도대체 어떤 젊은이를 골라야 한단 말이냐.'

평소에 인선의 재능을 귀하게 여기고 사랑했던 신명화는 인선이 시집을 가서도 자신의 재능을 마음껏 펼치며 더욱더 발전시킬 수 있기를 바랐다. 그래서 인선의 신랑감을 고르는 데 있어 가장 중요하게 생각한 조건은 바로 인선의 재능을 그대로 받아들이고 인선이 공부하는 것을 싫어해서는 안 된다는 것이었다.

인선의 신랑감을 찾다가 지칠 대로 지쳤을 무렵, 신명화는 인선보다 세 살 많은 이원수라는 청년을 알게 되었다. 이원수는 여섯 살 때 아버지를 여의고 홀어머니 밑에서 자랐다. 넉넉하지 못한 형편 때문에 글공부를 많이 하지는 못했지만, 성격이 좋아 주변 사람들에게 미움을 사는 일이 결코 없었다.

'자신의 학문이 부족한 것을 잘 알고 있으니 부인이 똑똑한 것에 불만을 느끼거나 부끄러워하지 않을 것 같구나. 게다가 예의를 차릴 줄 알고 마음이 너그러우니, 이

청년이라면 인선이를 맡겨도 마음이 놓이겠어.'

신명화는 마음을 정하고 이원수를 불러들였다. 이원수는 모든 방면에서 훌륭하기로 소문이 자자한 규수를 아내로 맞게 되었다는 사실이 믿기지 않는다는듯 그저 싱글벙글거렸다.

드디어 열아홉 살이 된 인선의 혼인날이 되었다. 혼례상을 사이에 두고 인선과 마주 선 스물두 살의 신랑 이원수는 어여쁜 색시의 얼굴을 흘끔흘끔 훔쳐보며 입이 귀밑까지 찢어졌다. 인선 역시 부끄러워 얼굴이 붉게 달아올랐지만, 그보다 곧 부모님 곁을 떠나야 한다는 사실에 가슴이 미어지는 듯했다.

결혼식이 끝나고 앞마당에서는 즐거운 잔치가 벌어졌다. 마을 사람들은 잔칫상에 삼삼오오 모여 앉아 신랑과 신부를 칭찬하느라 입이 마를 지경이었다.

"신랑이 아씨보다 세 살이 많다지요? 어머나, 천상배필이지 뭐예요."

"아씨도 둘째가라면 서러울 효녀지만, 신랑도 착하기로 따지면 으뜸이라지?"

"그러니까 아씨처럼 참한 규수를 아내로 맞았겠지, 안 그러우?"

신명화는 그동안 곁에서 살뜰히 챙겨 주지 못했음에도 어느덧 성인이 되어 혼인한 인선이 기특했다. 하지만 그런 인선의 모습을 바라보는 마음이 마냥 기쁘지만은 않았다. 아들처럼 의지하며 살아온 딸을 멀리 떠나보내야 한다는 사실을 잘 알고 있었기 때문이다.

잔치 분위기가 한창 무르익자, 신명화는 사위가 된 이원수를 한적한 뒤뜰로 불렀다.

"그래, 자네는 언제쯤 한양으로 갈 생각인가?"

이원수는 당장에라도 어여쁜 색시를 홀어머니에게 보여 주고 싶었지만, 장인의 말 속에 담긴 깊은 뜻을 짐작했기에 쉽사리 대답할 수 없었다.

"내 자네에게 부탁이 하나 있네. 자네 처는 우리에게 딸 이상이었네. 우리 부부는 그 아이를 아들처럼 의지하며 살았네. 그래서 하는 말인데, 자네 처를 좀 더 곁에 두고 살고 싶네. 그렇게 해 줄 수 있겠나?"

기력이 약하긴 했지만 의지만큼은 확고한 장인의 뜻밖

의 고백에 이원수는 마음이 숙연해지기까지 했다. 당시는 우리나라의 오랜 결혼 풍습인 처가살이 제도에서 중국의 결혼 풍습인 시집살이 제도로 바뀌어 가던 시기였다. 그래서 결혼한 뒤 삼 일 동안만 친정에서 지내고 시댁으로 가서 사는 것이 당연하게 여겨지곤 했다. 하지만 이원수는 장인의 부탁을 언짢은 기색 없이 흔쾌히 받아들였다.

"예, 장인어른께서 어떤 마음이실지 감히 짐작이 됩니다. 장인어른 말씀대로 하겠습니다."

혼례를 치른 뒤, 진정한 어른이 된 인선은 어릴 적 이름 대신 스스로 정한 호 '사임당'으로 불리기 시작했다. 사임당은 속 깊은 남편의 배려로 부모님 곁에서 지내며 아들 같은 딸로서, 아내로서 최선을 다했다. 또한 그림을 그리고 글 쓰는 일도 게을리하지 않았다.

이원수는 신명화의 예상대로 사임당의 재주를 높이 사며 감탄과 격려를 아끼지 않았다. 사임당은 결혼한 뒤에도 자신의 재능을 펼칠 수 있도록 도와주는 남편이 무척 고마웠다. 이보다 더 행복한 날들은 없을 것만 같았다. 하지만 이원수에게는 한 가지 허물이 있었다.

사람 좋기로 소문 난 이원수는 좀처럼 학문에 관심이 없어 보였다. 점점 책 읽기에 소홀하기 시작하더니 빈둥대며 하루를 보내기 일쑤였다. 어렸을 때부터 매일 글공부하는 것이 습관처럼 몸에 밴 사임당은 그런 남편이 걱정스러웠다.

'나중에 시댁으로 가게 되면 서방님이 집안을 책임져야 해. 넉넉하지 않은 시댁의 살림을 언제까지 쪼개어 살아갈 수만은 없어. 집안을 일으키려면 서방님이 벼슬길에 오르는 수밖에 없는데, 이대로 지내다가는 과거를 볼 수나 있을는지 모르겠구나.'

현명하고 재치 넘치는 사임당은 어떻게 하면 남편의 마음이 상하지 않게 이야기할 수 있을지 고민했다.

"서방님, 이리 앉아 보시지요. 드릴 말씀이 있습니다."

며칠 동안 고민한 끝에 사임당은 마음을 굳게 먹고 입을 열었다. 이원수는 평소와 다른 사임당의 말투와 표정을 알아채고는 마른침을 꿀꺽 삼켰다.

"저는 서방님께서 학문에 열중하여 나라에 보탬이 되는 큰일을 하시기를 바라고 있습니다."

"아! 무슨 이야기를 하려는지 잘 알겠소. 선비로서 학문을 닦아야 함을 잘 알고 있소만, 좀처럼 흥미가 붙지 않아 하루 이틀 미루던 것이 오늘이 되었구려. 내 노력해 보겠소."

이원수가 사임당이 하려는 얘기를 넘겨짚고는 미안해하며 대답했다. 하지만 작정하고 말을 꺼낸 사임당은 남편의 다짐을 받는 것으로 이야기를 끝내지 않았다.

"제가 하려는 이야기는 지금부터가 시작입니다. 서방님, 이제 그만 이곳을 떠나십시오. 십 년을 기약하고 한양으로 올라가 학문에 정진하십시오."

사임당이 얼굴색 하나 변하지 않고 단호하게 말하자, 이원수는 적잖이 놀라는 모습이었다.

"십 년 동안? 그것도 나 혼자 한양으로 가란 말이오?"

이원수는 착하고 정이 많아 친구를 좋아했고, 주위에 늘 사람이 많았다. 그러니 이원수가 지금처럼 가족과 친구들 속에서 지내다 보면, 분명히 그의 다짐은 흐지부지

되고 말 것이었다.

"물론 십 년은 견디기 힘든 긴 시간이지요. 하지만 그만한 의지도 없이 어찌 큰 뜻을 이룰 수 있겠습니까? 그 시간 동안 저도 서방님의 뜻이 이루어지길 기원하며 열심히 글공부를 하겠습니다."

이원수는 사임당의 단단한 결심을 결코 꺾을 수 없다는 것을 알았다.

"부인의 말이 백번 옳으니 내 어찌 그 제안을 거절하겠소. 그렇게 하리다."

이원수는 십 년 뒤에 반드시 금의환향하여 돌아올 것을 굳게 약속했다. 그리고 며칠 뒤, 짐을 꾸려 새벽같이 강릉 처가를 떠나 길고 긴 학문의 길로 발을 내디뎠다. 사임당은 제 뜻대로 남편을 떠나보냈지만, 막상 떠나는 남편의 뒷모습을 보니 마음 한쪽이 뻥 뚫린 것 같아 목이 메어 왔다. 사임당은 남편의 모습이 사라지고 난 뒤에도 한참이나 그 자리에 그대로 서 있었다. 그리고 남편의 빈자리가 느껴질 때마다 꿈을 이룬 남편의 모습을 떠올리며 남편을 위해 빌고 또 빌었다.

이원수가 떠난 날, 땅거미가 내릴 무렵 밖에서 갑작스러운 인기척이 들렸다.
"부인! 나요!"

사임당은 귀에 익은 목소리에 깜짝 놀라 한달음에 밖으로 나왔다.

"아니, 어찌 된 일입니까? 어찌하여 되돌아오셨습니

까?"

"글쎄, 이십 리 길을 걸어 성산 땅에 당도했는데 부인의 얼굴이 눈앞에 아른거려 발걸음이 떨어지지 않지 뭐요."

사임당의 얼굴은 실망으로 점점 일그러져 가고 있었다.

"서방님, 이렇게 쉽게 포기하실 겁니까? 오늘은 늦었으니 여기서 주무시고, 날이 밝는 대로 다시 떠나십시오."

사임당은 무서우리 만큼 냉정했다.

이원수는 다음 날 아침 일찍 다시 한양으로 떠났다. 이번에는 어제보다 십 리를 더 걸어 대관령 바로 아랫마을까지 왔지만, 어쩐지 앞으로 나아가는 대신 뒷걸음질 치는 느낌이었다. 이원수는 그날 저녁에도 다시 돌아오고 말았다.

"부인, 아무리 생각해도 이렇게까지 할 필요는 없을 것 같소. 함께 살면서 내가 학문에 정진하면 되지 않겠소?"

"서방님께서는 이리 나약한 분이셨습니까? 내일 아침에 다시 떠나십시오."

사임당은 마음속 깊은 곳에서부터 다시 한 번 실망감이 치밀었지만, 애써 표정을 감추며 말했다.

이원수는 사임당의 완강한 의지를 다시 한 번 확인한 셈이었다.

"이제 십 년 뒤에나 얼굴을 볼 수 있겠구려. 이번에는 기필코 한양에 당도하여 기별을 주겠소."

날이 밝자, 이원수는 굳게 약속하고 다시 길을 떠났다. 하지만 그날 밤, 이원수는 또다시 강릉 처가로 돌아왔다. 이번에는 전날보다 겨우 십 리 길을 더 걸어 대관령 문턱인 반쟁이에 이르렀을 뿐이었다.

'이 고개를 넘으면 다시는 부인을 볼 수 없는 길로 들어서는 것인데…… 아, 사람으로서 도저히 못 할 짓이구나.'

이원수가 집에 도착했을 때, 사임당은 마음을 다스리며 수를 놓고 있었다. 그런데 다시 돌아온 이원수를 보니 맥이 풀려 일어설 힘도 없었다. 사임당은 한참 동안 고개를 떨군 채 말이 없었다.

"서방님, 집안의 가장이며 대장부로서 제게 굳게 약속하지 않으셨습니까? 헌데 세 번씩이나 발길을 돌려 되돌아오신 모습을 보니 참으로 실망스럽습니다."

사임당은 옆에 놓인 반짇고리에서 가위를 꺼냈다. 그리고는 조용히 머리를 풀고 머리카락을 자르려고 했다. 이원수는 영문을 모른 채 눈이 휘둥그레졌다.

"부인, 왜 이러는 거요? 부모님께 받은 귀한 머리카락을 자르려는 것이오? 아니 되오!"

이원수는 가위를 든 사임당의 손목을 움켜쥐고 가위를 빼앗았다.

"이렇게 나약한 서방님을 하늘로 여기고 살아가는 제게 무슨 희망이 있겠습니까. 차라리 머리를 자르고 산속으로 들어가 비구니가 되는 것이 낫겠습니다. 그 가위 이리 주시지요."

이원수는 비로소 정신이 번쩍 들었다.

"내 잘못했소. 진정하시오, 부인. 부인의 뜻이 이리 완고한 줄은 미처 몰랐소. 내일 다시 길을 떠나 다시는 부인을 실망시키지 않겠소."

이원수의 진심이 사임당에게 전해졌다. 그리고 다음 날, 이원수는 그 어느 때보다 단단히 마음을 먹고 길을 나섰다. 그의 얼굴에는 전장에 나가는 장수와 같은 비장함마저 어려 있었다.

6. 놋 쟁반에 피어난 매화

 사임당의 짝을 지어 주고 비로소 마음이 놓인 신명화는 그 어느 때보다 편안한 마음으로 한양으로 떠났다. 하지만 그것이 집안의 든든한 기둥 같은 신명화의 마지막 모습이 될 줄은 아무도 몰랐다. 사임당이 혼인한 지 겨우 세 달 만에 닥친 시련이었다. 아버지가 세상을 떠나자 사임당은 자신의 모든 것을 잃은 것 같았다. 신명화는 사임당에게 늘 인자한 아버지인 동시에 믿음직스러운 후원자이자 스승이었기 때문이다.
 사임당은 자신이 어린 시절에 어머니가 했던 것처럼 온 마음을 바쳐 아버지의 삼년상을 치렀다. 아버지가 돌아

가신 충격으로 몸져누운 어머니를 지극정성으로 간호하는 일도 게을리하지 않았다. 또 평생 강릉과 한양을 오가며 고생만 하다가 죽은 아버지를 한순간도 잊지 않았다. 아버지를 생각하면 시원하게 물 한 모금을 넘기는 것조차 죄스러워 견딜 수가 없었다.

 삼 년이 지나고 아버지를 잃은 슬픔을 조금씩 견뎌 낼 힘이 생기자, 이번에는 또 다른 걱정거리가 사임당의 마음을 짓눌렀다.

 '이제 나마저 시댁으로 떠나고 나면, 어머니는 어린 동생들과 어찌 살아가실까. 그 외로움을 어떻게 감당하실까……'

 사임당은 친정에 남아 어머니와 어린 동생들을 돌보고 싶었다. 하지만 더 이상 시댁으로 가는 것을 미룰 수 없었다.

 "얘야, 이제 그만 시댁으로 가서 이씨 집안의 살림을 해야 하지 않겠니. 너를 계속 이곳에 잡아 두자니 염치가 없구나. 홀몸도 아닌데 몸이 더 무거워지기 전에 올라가거라. 마침 탈상을 하러 이 서방도 내려와 있으니 잘됐구나."

이씨 부인은 사임당의 걱정을 눈치챈 것처럼 사임당을 앞혀 놓고 말했다.

사임당은 목메어 울었다. 이씨 부인은 사임당의 눈물을 못 본 체하며 짐짓 엄하게 덧붙였다.

"최선을 다해 시어머니를 모셔라. 지금까지 너를 기다려 주신 고마운 분이다."

"예, 어머니. 다시 뵐 수 있을 때까지 건강하셔야 해요."

사임당은 눈물을 훔치며 어머니에게 작별 인사를 했다.

여러 날 동안 좁은 가마를 타고 한양으로 가는 길은 고되고도 험했다. 사임당은 아버지 생각이 났다.

'아버지는 이렇게 힘들고 먼 길을 혼자 다니시면서도 힘든 내색을 조금도 안 하셨구나. 그 오랜 세월 동안…… 아, 아버지…….'

사임당은 갑자기 북받쳐 오르는 설움에 남몰래 눈물을 펑펑 쏟았다.

'아버지, 왜 하필 저는 여자로 태어난 것입니까? 남자로 태어났다면, 갑작스럽게 홀로 된 어머니를 두고 떠나야 하는 고통은 겪지 않아도 되었을 텐데 말입니다. 하지만 오늘의 이 고통과 설움을 절대로 잊지 않을 것입니다. 아버지 말씀대로 제 능력을 잘 닦아 제가 가야 할 길을 반드시 찾아내고야 말겠습니다.'

사임당은 세상을 떠난 아버지 신명화와의 약속을 다시 한 번 가슴에 아로새기며, 굳게 다짐했다.

신명화가 죽고 삼년상을 치르는 동안, 이원수는 강릉과 한양을 여러 차례 오갔다. 그 바람에 십 년을 기약했던 학문의 길은 흐지부지 없던 일이 되고 말았다.

예정했던 시간보다 더 오랜 시간이 걸려 사임당은 드디어 한양에 도착했다.

"아가, 어서 오너라. 고생이 많았지?"

시어머니인 홍씨 부인은 버선발로 달려 나와 홑몸이 아닌 며느리를 반갑게 맞아 주었다. 홍씨 부인은 홀어머니와 어린 동생들만 남겨 두고, 무거운 몸으로 떨어지지 않는 발걸음을 떼었을 사임당이 안쓰럽고 기특하기만 했다.

사임당은 처음 만난 시어머니에게 큰절을 올렸다.

"어머님, 그간 안녕하셨는지요. 좀 더 빨리 찾아뵙지 못해 죄송합니다."

시댁의 살림은 단출하고 보잘것없었지만 사임당은 묵묵히 최선을 다했다. 또 아무리 사소한 일이라도 시어머니와 의논하고 난 뒤 조심스럽게 행동으로 옮겼다.

사실 홍씨 부인은 학문이 깊고 재주가 뛰어난 며느리가 살림에 관심이 없을까 봐 내심 걱정스러웠다. 하지만 말과 행동이 신중하고 변함없는 사임당을 보니 그것은 쓸데없는 걱정이었다는 것을 깨달았다.

며칠 뒤, 이원수의 집에서 잔치가 벌어졌다. 한양에 사는 이원수의 친척들과 친구들, 마을 사람들이 사임당을 보기 위해 모여들었다. 도대체 얼마나 훌륭한 규수이기에 그렇게 소문이 자자했는지 확인이라도 하려는 듯 사람들은 사임당의 작은 행동 하나하나를 날카로운 눈으로 좇았다. 사임당은 자신을 처음 선보이는 자리인 만큼 긴장도 되었지만, 그럴수록 더욱 공손하게 예의를 갖추었다.

"소문대로구먼. 이보게, 자네 장가 한번 잘 갔군그래."

사람들의 칭찬에 이원수는 팔불출처럼 허허거렸다.

잔치 분위기가 무르익자 방문 밖에서 왁자지껄한 소리가 들려왔다.

"자네들, 그 소문 듣지 않았나? 내 아내는 그림이면 그림, 글씨면 글씨, 못하는 게 없단 말일세. 안견 선생도 울고 갈 걸세. 하하하."

"이 사람 좀 보게. 자네 입으로 그렇게 말하니 그동안 믿고 있던 소문도 의심스럽구먼그래."

"그럼 어디 그 그림 좀 구경해 보세."

"그래, 우리도 소문으로만 들었으니 눈으로 직접 확인해야 자네 말을 믿을 것 아닌가. 하하하."

이원수가 친구들에게 사임당의 그림 솜씨를 자랑하자, 친구들이 한마디씩 거들며 타박을 주었다.

이원수는 친구들에게 큰소리를 뻥뻥 치고는 방으로 들어와 사임당에게 그림을 한 점 그려 달라고 부탁했다.

"잠시 기다리십시오."

사임당은 이렇게 대답하고 일단 이원수를 내보냈다. 하지만 당황스러워서 어떻게 해야 할지 몰랐다. 그림이라는 것이 붓만 댄다고 해서 쓱쓱 그려지는 것이 아니었기 때문이다. 무엇보다 사임당은 자신의 재주를 자랑하려고 그림을 그리는 것이 내키지 않았다. 그것만큼 어리석은 짓은 없다고 늘 생각해 왔기 때문이다.

'썩 내키지 않지만 내가 그림을 그리지 않는다면, 친구들 앞에서 서방님의 체면이 곤두박질칠 것은 불을 보듯 뻔한 일인데……. 그렇다고 종이에 그림을 그려 내보낸다면, 서로 가져가겠다고 아우성을 칠 테지.'

이러지도 저러지도 못하고 혼자 고민하던 사임당은 시어머니에게 조언을 얻기로 했다.

"어머님, 제가 종이에 그림을 그린다면 저들이 서로 갖겠다고 나설 것입니다. 아녀자의 그림이 담을 넘어 밖으로 나가는 것은 도리에 어긋나는 일이니, 제가 어떻게 하면 좋겠습니까?"

하지만 홍씨 부인에게도 뾰족한 수가 있는 것은 아니었다.

"부인, 아직 멀었소? 여기서 다들 기다리고 있소. 좀 더 서두르시오!"

사임당과 홍씨 부인이 머리를 맞대고 있는 사이, 이원수가 재촉을 하기 시작했다.

그때 사임당의 눈길이 잔치 음식을 나르던 놋 쟁반에 머물렀다. 곧 사임당은 번뜩이는 생각이 떠올랐다.

"어머님, 이제 방법을 찾았습니다. 바로 저 놋 쟁반입니다!"

홍씨 부인은 영문을 모르겠다는 눈치였지만, 사임당은 망설이지 않고 놋 쟁반을 깨끗이 닦았다. 그러고는 먹을 갈아 놋 쟁반에 그림을 그리기 시작했다.

홍씨 부인은 사임당의 붓놀림에 홀리기라도 한 듯 넋을 놓고 사임당이 그림 그리는 모습을 바라보았다. 어느새 놋 쟁반 위에는 청초한 매화나무 가지가 곧게 뻗어 있었다.

"어머님, 이제 저는 서방님의 체면을 세웠습니다. 그렇다고 제가 내키지 않는 어리석은 짓을 한 것도 아닙니다. 또 이 놋 쟁반은 살림살이니 가져가려는 사람도 없을 것입니다. 그러니 이제 모든 문제가 해결된 것 같습니다."

홍씨 부인은 비로소 고개를 주억거렸다.

"그래, 나도 네 재주에 대해 듣기는 했다만 실제로 그림을 보니 참으로 놀랍구나. 반짝이는 네 지혜도 과연 터무니없는 소문이 아니었구나. 또한 어떻게든 남편의 기를 살려 주려는 네 노력도 참 고맙구나."

한참을 기다린 끝에 마침내 이원수에게 놋 쟁반이 전해졌다. 친구들은 그림이 아닌 놋 쟁반을 들고나오자 어리둥절해 하며 이원수를 비웃기에 바빴다. 당황스럽기는 이원수도 마찬가지였다.

"하하, 이게 뭔가? 그림을 그려서 보여 달라고 했더니 웬 쟁반인가? 귀한 음식이라도 담겨 있단 말인가?"

"자, 이리 줘 보게. 뭐가 있는지 한번 보세. 흠!"

이원수에게서 놋 쟁반을 낚아챈 친구는 입을 딱 벌린 채 더 이상 아무 말도 하지 못했다.

"아, 이 사람, 왜 이러는 게야? 어디 나한테도 줘 보게."

친구들이 놋 쟁반에 담긴 그림을 모두 보고 났을 때는 찰나의 정적이 흘렀다. 곧 여기저기에서 탄성이 터져 나왔다.

"놀려서 미안하이, 친구. 자네 부인의 그림 솜씨는 감히 말로 표현할 수 없을 정도네. 정말 대단해!"

'암, 내가 부인은 참말로 잘 얻었지. 그럼, 그렇고말고!'

이제야 상황을 파악한 이원수는 누구보다 호탕하게 웃었다.

이원수는 허세를 부리거나 권위적인 보통의 남자들과는 달랐다. 사임당의 자질을 인정하며 예술성을 북돋워 주었고, 언제나 사임당의 말에 귀를 기울여 주는 아량이 넓은 사람이었다.

사임당은 낯선 시댁의 일을 하나씩 익히기 시작했다. 그리 넉넉한 살림은 아니었지만, 어린 시절부터 검소함이 몸에 배어 있어 큰 어려움이 없었다. 홍씨 부인은 빠듯한 형편에도 불평 한마디 하지 않고 새로운 생활에 적응해 가는 사임당이 기특했다.

시댁에 올라온 지 얼마 지나지 않아 사임당은 첫아들을 낳았다. 사임당은 첫아들의 이름을 '선'이라고 지었다.

"아가, 애썼다. 고생했어."

"부인, 잘 이겨 냈소. 얼마나 힘들었소."

홍씨 부인과 이원수는 기뻐서 어쩔 줄 몰라 하며 아기에게서 눈을 떼지 못했다.

아기를 낳는 고통은 어떤 말로도 표현할 수 없을 만큼 컸다. 열 달 동안 품고 있던 아기가 곁에 누워 꼬물거리는 모습을 보니 사임당은 부모님 생각에 가슴이 먹먹했다.

'아, 어머니도 이렇게 고통스럽게 나를 낳으셨겠지.'

사임당은 자기도 모르게 흘러내리는 눈물을 어찌할 수 없었다.

선은 적적하던 집안에 웃음과 즐거움을 안겨 주었다. 시어머니 홍씨 부인은 선의 재롱을 지켜보는 낙으로 나날을 보냈다. 선은 온 가족의 사랑을 독차지하며 무럭무럭 자랐다.

선이 태어나고 다섯 해가 지난 1529년, 사임당은 스물여섯의 나이로 둘째 아이를 낳았다. 둘째는 딸이었는데 '매화가 핀 창'이라는 뜻으로 이름을 '매창'이라고 지었다. 매창은 사임당의 예술적 재능을 그대로 물려받았으며, 어릴 때부터 어머니인 사임당에게 글을 배워 학문이 매우 깊었다. 특히 그림 솜씨는 사임당을 쏙 빼닮아 '작은 사임당'이라고 불릴 정도였다.

매창은 일곱 살 때부터 붓을 잡고 그림을 그렸다. 사임당은 매창을 곁에서 묵묵히 지켜볼 뿐, 잘못된 부분이나 서툰 부분을 지적하지 않았다. 매창은 그렇게 시행착오를 겪으며 스스로 그림 그리는 법을 깨달아 갔다. 집안일도 마찬가지였다. 사임당은 매창이 할 수 있는 작은 일부터 시작해 점점 모든 일을 능숙하게 해낼 수 있도록 자연스럽게 가르쳤다.

사임당은 매창을 낳은 이듬해 셋째 아이 '번'을 낳았고, 스물아홉이 되던 해에는 넷째 아이를 낳았다.

어느새 사임당이 시댁으로 온 지 십 년의 세월이 지나, 스물한 살의 어여쁜 새색시가 네 아이의 어머니가 되어 있었다. 빠듯한 집안 형편은 나아질 기미가 보이지 않는데 식구는 늘어, 아끼고 또 아끼지 않으면 생계조차 이어 나갈 수 없을 정도였다. 게다가 아이가 늘어 감에 따라

할 일도 쌓여 사임당은 몸이 열 개라도 모자랄 지경이었다.

몸과 마음이 지칠 대로 지치자 사임당은 어머니가 사무치게 그리웠다. 남몰래 눈물을 흘리며 뜬눈으로 밤을 지새우는 날이 손에 꼽을 수 없을 만큼 많아졌다.

"부인, 요즘 낯빛이 좋지 않소. 무슨 근심이라도 있소?"

이원수가 물었다.

"제가 고향을 떠나 이곳에 온 지 벌써 십 년이 지났습니다. 아들도 없이 딸들과 홀로 계신 어머니는 잘 지내시는지 걱정되고 그리워서 견딜 수가 없습니다."

어느새 사임당의 눈가에는 눈물이 가득 고였다.

"그래서 그렇게 기운이 없었구려. 내가 먼저 헤아려 주지 못해 미안하오. 그렇다면 강릉으로 가서 당신이 어머님을 돌봐 드리는 것이 어떻겠소?"

홍씨 부인 역시 오히려 사임당의 속내를 알아채지 못한 것을 미안해했다.

"아가, 여기 걱정은 하지 말고 가서 동생들과 어머니를 잘 보살펴 드리렴."

시어머니와 남편의 배려 덕분에 사임당은 가벼운 마음으로 강릉 북평 마을을 찾았다.

푸른 바다와 뒤뜰의 검은 대나무, 곤충들과 풀꽃들은 변함없는 모습으로 사임당을 반겨 주었다. 달라진 것이라고는 네 아이의 어머니가 된 사임당과 늙은 어머니뿐이었다.

"어머니, 그동안 건강하셨지요?"

"그래, 죽기 전에 너를 다시 볼 수 있을 거라고는 꿈에도 생각 못 했구나. 어디, 우리 손주들 얼굴 좀 보자."

"제가 돌아왔으니 이제 어머니는 손주들 재롱 보시면서 편히 계세요. 동생들도 이제 제가 돌볼게요."

"그래, 그래. 그러자꾸나."

이씨 부인은 사임당의 두 손을 꼭 잡은 채 더 이상 말을 잇지 못했다.

사임당은 집안 살림을 도맡아 하며 동생들의 신랑감을 찾는 일도 서둘렀다. 또 어머니의 건강을 챙기는 일에도 정성을 다했다. 사임당은 한양에서의 생활 못지않게 바쁜 나날들을 보냈지만 행복에 겨워 힘이 드는 줄도 몰랐다.

적막강산 같던 집안에 아이들의 웃음소리가 끊이지 않으니 금세 활기가 넘쳤다.

7. 치마폭 위에 열린 포도송이

"아유, 곱기도 하다. 작은 마님께서 시집갈 때도 이리 고왔는데."

"말도 마세요. 사임당 마님처럼 곱고 예쁜 새색시는 여태껏 본 적이 없어요. 누가 감히 사임당 마님을 따라오겠어요."

새색시를 이리저리 뜯어 살피던 동네 아낙들의 수다가 그칠 줄을 몰랐다. 그리고 그 가운데에는 사임당이 있었다. 사임당은 아낙들의 칭찬을 듣고 있기가 거북해 잔치가 한창인 마당을 빠져나왔다.

이웃집에서 혼인 잔치가 벌어지고 있었다. 오늘 혼인을

하는 새색시는 혼례를 치르고 바로 한양에 있는 시댁으로 간다고 했다. 사임당은 다소곳하고 예쁜 새색시를 보다가 문득 자신의 시댁이 떠올랐다. 그러자 고민거리들이 꼬리에 꼬리를 물고 머릿속을 어지럽혔다.

'나도 언제까지 어머니와 함께 여기에 머물 수는 없을 텐데, 시댁에 가면 살림은 지금보다 더 힘들어지겠지. 나는 당장 식구들 먹을 것이 없어 더 바쁘고 힘겨운 삶을 살게 될 것이고. 하지만 서방님이 학문에만 몰두하게 하려면 생계 걱정을 덜어 드려야 해.'

사임당은 어떤 상황이 닥쳐도 극복해 낼 자신이 있었다. 하지만 그림을 그리지 못하고, 글을 읽지 못하는 상황이 오면 어떻게 버틸 수 있을지, 자신의 삶이 어떻게 바뀌게 될지 그것이 가장 두려웠다.

"악! 이 노릇을 어쩌면 좋아!"

어디선가 들려온 비명에 사임당은 정신이 번쩍 들었다.

"빌려 입은 비단 치마에 음식을 흘렸으니 어쩌면 좋아요."

울상이 된 아낙이 치맛자락을 움켜쥐고는 발을 동동 굴

렸다.

"아유, 정말 비싼 비단 같구먼. 조심 좀 하지 그랬우."

"남의 잔치 구경 왔다가 빚만 얻어 가게 생겼네. 쯧쯧쯧."

사람들은 저마다 한마디씩 거들 뿐 어떤 도움도 줄 수 없었다. 급기야 그 아낙은 울음을 터뜨리고 말았다.

"그 치마를 벗어서 제게 좀 주시지요."

멀찌감치 떨어져 지켜보고 있던 사임당이 다가와 말했다.

평소 몸가짐이 조심스럽고 바르기로 소문난 사임당이었기에 사람들은 사임당의 말을 듣고 자신의 귀를 의심했다. 또한 남자와 여자를 엄격히 구별하던 관습을 누구보다 잘 알고 있을 사임당이 잔칫집 마당에서 아낙에게 치마를 벗으라고 하니 깜짝 놀라지 않는 사람이 없었다.

"남정네들이 보이지 않는 곳에 가서 치마를 벗어 주시지요."

우물쭈물 망설이고 있는 아낙에게 사임당은 다시 한 번 똑똑히 말했다. 이번만큼은 사임당의 하인도 사임당을 이

해할 수 없었다.

"저, 마님. 어쩌려고 그러시는지……."

"자네는 걱정하지 말고 가서 붓과 먹을 구해 오게."

하인은 그제야 사임당이 무엇을 하려는지 알아채고 재빨리 붓과 먹을 구해 왔다.

사임당은 사람들에 둘러싸인 채 먹을 갈고 붓을 들었다. 사임당의 붓이 치마폭 위를 지날 때마다 사람들은 감탄을 쏟아 냈다. 사람들은 직접 보고도 믿을 수 없는 이 광경을 입을 쩍 벌리고 서서 구경했다. 어느새 음식 자국이 남아 지저분하던 치마폭 위에는 금방이라도 터질 것 같은 탱글탱글한 포도송이가 달린 포도 덩굴이 뻗어 있었다.

"이 치마를 장에 가져가서 파세요. 그 돈으로 새 비단 치마 몇 벌을 살 수 있을 것입니다. 하지만 누가 물어도 제 그림이라고는 이야기하지 마십시오."

사임당은 특별히 당부를 하고 돌아갔다.

아낙은 사임당이 시킨 대로 포도 덩굴이 그려진 치마를 들고 장에 가서 펼쳐 놓고 손님이 오기를 기다렸다. 얼마 지나지 않아 사람들이 몰려들어 아낙은 사람들 틈에 묻히고 말았다.

"아니, 이것은 사임당의 그림 아닌가? 과연 포도 그림의 명수답군. 이 그림을 내게 파시오. 내 비단 열 필에 사겠소."

"예? 비단 열 필이요?"

아낙은 선비의 말이 믿기지 않아 되물었다. 사임당의 말대로 아낙은 새 비단 치마를 몇 벌 살 수 있을 만큼의 돈을 벌었다.

사임당의 포도 그림은 '안견 다음간다.'고 할 정도로 널리 알려져 있었다. 치마폭 위의 포도 그림이 사임당의 그림이라는 것을 한눈에 알아보는 사람이 나타난 것도 어찌 보면 당연한 일이었다. 하지만 사임당은 그림은 돈벌이가 아니라 마음을 단련하기 위한 예술이라고 생각했기에, 생활고에 시달리면서도 절대로 그림을 그려서 팔지 않았다. 치마폭에 포도 그림을 그려 팔도록 한 것은 딱한 처지에 놓인 아낙을 모른 체하지 않고 도와주려는 사임당의 인정 어린 마음이었다.

8. 범상치 않은 아이 현룡의 탄생

 어느새 네 아이의 어머니가 된 사임당의 고생은 이루 말할 수 없었다. 이원수는 학문이 짧아 벼슬길에 오를 수 없었을 뿐더러 이원수의 고향에 논밭이 조금 있다고는 해도 살림에 크게 도움이 되지 않았다. 그래서 사임당은 한양과 북평, 이원수의 일가친척의 터전이 있는 파주, 봉평 등지로 계속 옮겨 다니며 살아야 했다.
 사임당이 북평 마을에서 백오십 리 정도 떨어진 봉평면 백옥포에 자리를 잡았을 때였다.
 맵찬 겨울바람의 기세가 한풀 꺾인 어느 날, 사임당은 새벽녘에 잠에서 깼다.

'참 이상한 꿈도 다 있지. 꿈에서 깨어났는데도 어쩜 이리 생생할까.'

사임당이 몸을 뒤척이며 그 꿈을 잊으려고 노력했지만, 그럴수록 점점 더 생생해졌다. 사임당은 이상한 생각이 들어, 날이 밝자마자 마침 봉평에 와 있는 남편 이원수에게 꿈 이야기를 해 주었다.

"서방님, 간밤에 참 이상한 꿈을 꾸었습니다."

"허허, 너무 고단했나 보오. 악몽이라도 꾸었소? 대체 무슨 꿈인데 그러오?"

"꿈속에서 어린 시절부터 좋아하던 강릉 앞바다를 거닐고 있었습니다. 그런데 갑자기 물보라가 일더니 저 멀리에서부터 바닷물이 갈라지기 시작했습니다. 겁이 나서 뒤돌아 도망치려는데 바닷물이 갈라진 곳에서 아름다운 여인이 나타났습니다. 몇 발자국 뒷걸음질을 치며 자세히 보니 그 여인은 눈이 부시도록 아름다운 선녀였습니다. 선녀는 품에 무엇인가를 안고 제게 가까이 다가오고 있었습니다. 선녀가 안고 있던 것은 살결이 백옥같이 희고 포동포동한 사내아이였습니다. 그 아름다운 모습을 보고 저도 모르게 감탄을 하고 있는데, 선녀가 제 품에 그 사내아이를 안겨 주고 사라져 버렸습니다. 그러고는 꿈에서 깨어났는데, 꿈속에서 안았던 아기의 촉감과 체온이 아직 남아 있는 듯합니다."

이원수는 사임당의 꿈 이야기를 듣고는 들뜬 목소리로 말했다.

"부인, 그 꿈은 태몽인 것 같소. 아주 귀한 사내아이가 곧 우리에게 오려나 보오."

"큰 아이들 태몽과는 많이 다른 꿈이었습니다. 아기가 건강하게 태어날 수 있도록 더욱 조심하겠습니다."

사임당은 문왕을 임신하고 있을 때부터 몸가짐을 바르게 했던 태임을 떠올렸다. 그러고는 한층 더 몸가짐을 조심하며 태교에 온 정성을 쏟기로 결심했다. 사임당은 남편 이원수가 곁에 없을 때도 한결같이 네 명의 아이와 배 속의 아기를 정성껏 돌보았다.

배 속에 품고 있는 아기가 태어날 날이 다가오자, 사임당은 하인과 함께 네 명의 아이들을 데리고 백오십 리 길을 굽이굽이 돌아 친정이 있는 북평 마을로 갔다.

사임당은 점점 무거워지는 몸으로 아이들을 돌보는 일이 힘겨웠지만, 끝까지 평온한 마음으로 태교에 힘썼다. 그러는 사이 어느덧 한 해가 저물어 십이 월의 마지막 날이 눈앞에 다가왔다.

"어머니, 진통이 시작된 것 같습니다."

 사임당이 다급하게 외치자, 이씨 부인은 서둘러 아기 받을 준비를 했다. 맑은 물을 길어 와 가마솥에 데우고, 이웃에 사는 산파 아주머니를 데려왔다. 이씨 부인은 고통스러워하는 딸을 위해 해 줄 수 있는 것이 기도밖에 없어 더욱 초조하고 안타까웠다.

 오랜 시간 동안 사임당의 진통은 심해졌다가 잦아들기를 반복했다. 기운이 빠진 사임당은 진통이 잦아진 틈에 스르르 잠이 들었다. 어느덧 자정을 훌쩍 넘긴 시간이었다.

 꿈속에서 사임당은 선녀가 사내아이를 안겨 주었던 강릉 앞바다에 있었다. 갑자기 하늘이 어두워지고 짙푸른 바다 한가운데에서 회오리가 일더니 검은 물체가 하늘로 치솟았다. 그것은 몸을 뒤틀며 매서운 눈빛을 번뜩이더니

사임당이 누워 있는 방 앞으로 와서 얌전히 몸을 틀고 앉았다. 바로 전설 속에 등장하는 검은 용이었다. 이상하게도 사임당은 검은 용의 모습이 두렵거나 낯설지 않았다.

  그때였다. 극심한 진통이 시작되는 바람에 사임당은 꿈에서 깨어났다. 그러고는 곧 우렁찬 사내아이의 울음소리가 울려 퍼졌다. 1536년 12월 26일 새벽 네 시, 사임당의 나이 서른셋이었다. 갓 태어난 아기는 선녀가 안겨 주었던 아기처럼 살결이 희고 포동포동했으며, 두 눈은 검은 용의 눈빛처럼 반짝이고 있었다.

"태몽도 기이한데 용이 나타나는 꿈까지 꾸었으니, 이 아이는 반드시 큰 인물이 될 것이오."

이원수는 사임당에게 용꿈 이야기를 듣고 나서, 용이 타나났다는 뜻의 '현룡'으로 이름을 지었다.

이 아기가 바로 조선의 대유학자 율곡 이이이다. 어린 시절에는 '현룡'으로 불리다가, 나중에 아버지 이원수의 고향인 파주 율곡리의 경치에 반해 스스로 호를 '율곡'으로 지었다.

현룡을 낳은 뒤로 사임당은 줄곧 친정에서 지냈다. 사임당과 이씨 부인은 현룡이 큰 인물이 될 것을 믿어 의심치 않았다.

평범하지 않은 태몽을 갖고 태어난 현룡은 모두의 기대에 어긋나지 않는 총명한 아이였다. 세 살 때 이미 글을 읽고 쓸 줄 알았으며, 어른들이 읊는 시를 귀동냥으로 얻어듣고 외우기도 했다.

현룡이 네 살이 되었을 때의 일이다. 외할머니 이씨 부인은 현룡이 하는 일이면 무엇이든지 기특하게 여기며 귀

여워했고, 현룡 역시 외할머니를 잘 따랐다.

"아가, 이리 오너라. 할미가 줄 것이 있단다."

이씨 부인이 마당을 오가며 놀고 있는 현룡을 불러 무릎에 앉혔다.

"너 이게 무엇인지 아느냐?"

현룡은 외할머니가 내민 석류를 물끄러미 내려다보았다. 그러다가 한 입 베어 물고는 대답했다.

"석류피리(石榴皮裏) 쇄홍주(碎紅珠)."

이씨 부인은 소스라치게 놀랐다. 하지만 짐짓 태연한 척하며 현룡에게 다시 물었다.

"현룡아, 그게 무슨 뜻인지는 알고 한 말이냐?"

그러자 현룡이 배시시 웃었다.

"석류 껍질 속에 붉은 구슬이 부스러져 있네."

아직 발음도 정확하지 않은 네 살배기 현룡의 입에서 나온 말이라고 믿을 수 없을 정도로 표현력이 뛰어난 문장이었다.

'허허허, 이 녀석 좀 보게나. 대체 뭐가 되려고 이리 영특한고.'

이씨 부인은 말 없이 현룡을 꼭 끌어안았다.

현룡은 총명하기만 한 것이 아니라 마음씨도 착했다. 현룡이 다섯 살 되던 해 여름, 마을에 큰비가 내려 갑작스레 강물이 불어나 사람들의 발길이 묶이고 말았다. 그때 위태롭게 강을 건너던 한 선비가 그만 거센 물살에 휩쓸려 강물에 빠지고 말았다.

"에이, 내 그럴 줄 알았지. 아이들도 다 보는 데서 웬 망신이람."

"하하하, 건너려면 제대로 건널 것이지. 그것도 못 건너서 저 꼴이야."

물에 빠진 선비를 본 사람들은 많았지만, 아무도 그 선비를 도와줄 생각을 하지 않았다. 오히려 비웃으며 놀려 대느라 배꼽을 쥐었다. 그 자리에 있던 현룡만 애가 타서 어쩔 줄 몰랐다. 바짓가랑이를 걷어 올리고 당장에라도 물에 들어가 선비를 구해 주고 싶었지만, 다섯 살짜리 어린아이에게는 불가능한 일이었다.

"누가 저분 좀 꺼내 주세요!"

보다 못한 현룡이 발을 동동 구르며 외쳤지만, 섣불리

나서는 사람이 없었다. 한참 뒤, 그 선비가 가까스로 물 밖으로 나올 때까지 현룡은 한 발자국도 움직이지 않은 채 마음을 졸이며 지켜보고 있었다.

"휴, 다행이다. 어디 다치신 데는 없으세요?"

현룡이 한걸음에 달려가 살피자, 비웃기만 하던 사람들은 부끄러워서 하나둘 자리를 피했다.

현룡은 다른 사람이 어려움에 처하면 제 일처럼 생각하고 도와주려고 애썼다.

현룡이 이렇게 마음씨 착한 아이로 자랄 수 있었던 것은 사임당의 교육 덕분이었다.

'사람으로 태어나 배우지 않으면 짐승과 무엇이 다르랴. 하지만 하기 싫은 것을 억지로 가르친다면 그 또한 역효과가 날 것이다. 그렇다면…… 그래, 내가 어렸을 때 외할아버지와 어머니께서 나를 가르치셨던 것처럼 아이들을 가르쳐야겠다.'

사임당은 커 가는 아이들을 올바르게 가르치기 위해 늘 고민했다. 그럴 때마다 사임당은 자신의 어린 시절을 떠올려 보았다. 어머니 이씨 부인에게 집안 살림을 배웠지만, 어머니가 사임당을 앉혀 놓고 가르쳐 준 적은 없었다. 그저 어머니가 하는 것을 곁에서 지켜봤을 뿐인데, 어느 순간 사임당도 어머니가 하는 일들을 할 수 있게 되었다. 어머니는 사임당이 알아채지 못한 순간에도 사임당을 늘 가르쳐 주고 있었던 것이다.

외할아버지가 어린 사임당에게 글공부를 가르쳐 줄 때도 마찬가지였다. 쉬운 것부터 하나씩 가르쳐 주며 재미를 느낄 수 있게 충분한 시간을 주었다. 그러면서도 더욱 깊고 진한 학문의 맛을 깨달을 수 있게 이끌어 주었다.

사임당은 이제야 아이들 교육 방법의 실마리를 찾은 것 같았다. 무엇보다 아이들이 학문을 하는 즐거움을 깨닫고, 스스로 배우려는 마음을 갖게 해 주는 것이 가장 중요하다고 생각했다. 그래서 사임당은 아이들을 불러 강제로 공부를 시키는 대신 자신의 행동을 돌아보고 몸가짐을 다시 한번 가다듬었다. 자신이 어렸을 때 어머니와 외할아버지가 그랬던 것처럼 아이들에게는 사임당이 가장 처음 만나는 스승이었기 때문이다. 또 살아가는 동안 사람으로서 반드시 지켜야 할 도리와 예절을 가르치는 것도 잊지 않았다.

 사임당에게 이런 가르침을 받은 아이들은 모두 마음씨 착하고 똑똑하게 자랐다. 특히 맏이인 선과 매창은 동생들에게 더없이 훌륭한 본보기가 되었다.

9. 현명한 아내, 위대한 어머니

어느덧 현룡이 여섯 살이 되었다. 사임당은 영특한 현룡의 재롱을 보는 재미에 세월이 흐르는 줄도 모르고 살았다.

그러던 어느 날, 오죽헌으로 편지 한 통이 날아들었다. 한양에서 시어머니 홍씨 부인이 보낸 편지였다. 나이가 들어 집안 살림을 하기 어려우니 돌아와서 며느리 노릇을 해 달라는 내용이었다. 사임당은 그 편지를 읽고 가슴이 철렁 내려앉았다. 떠올리기 싫어 덮어 두었던 그날, 어머니를 떠나야 하는 날이 다가온 것이다.

사임당은 한양으로 돌아갈 채비를 서둘렀다. 지금까지

는 시어머니가 배려해 준 덕분에 친정과 한양을 오가며 살 수 있었다. 하지만 더 이상은 늙은 시어머니에게도 무리였던 것이다.

홍씨 부인의 소식을 들은 어머니는 미안해하며 어쩔 줄을 몰랐다.

"애야, 내가 너무 염치없구나. 이런 편지가 오기 전에 내가 먼저 너를 올려 보냈어야 했는데……."

이제 늙어서 왜소해진 어머니의 모습이 한없이 작아 보여 사임당은 가슴이 아팠다.

"어머니, 걱정하지 마세요. 시어머니 덕분에 지금까지 어머니와 함께 살 수 있었으니, 돌아가서는 제가 시어머니께 더 잘할게요."

사임당은 시어머니가 살아 계신 동안만이라도 이제껏 하지 못한 효도를 다하겠다고 다짐했다.

'이제 강릉을 떠나면 다시 돌아올 수 있을까? 내가 돌아올 때까지 어머니께서 나를 기다려 주실 수 있을까?'

사임당은 이런 생각을 하니 눈물이 왈칵 솟았다. 하지만 자신이 눈물을 보이면 어머니 마음이 더욱 아플까 봐 꾹 참고 또 참았다.

"어머니, 제가 없어도 건강하게 잘 지내셔야 해요."

"오냐, 걱정 말아라. 내 걱정하지 말고, 가서 시어머니 잘 모시거라. 너희들도 할머니께 예의 바르고 착하게 행동해야 한다는 것 잊지 말아라."

이씨 부인은 마지막으로 막내 현룡을 품에 꼭 안으며 눈물을 삼켰다.

"어머니, 이제 그만 들어가세요."

"그래, 그래. 너희도 어서 출발하거라."

사임당은 금방이라도 눈물이 쏟아질 것 같아 아이들을 이끌고 먼저 뒤돌아 발걸음을 옮겼다. 이씨 부인은 사임당과 아이들의 모습이 사라질 때까지 자리를 떠나지 못했다.

사임당은 주마등처럼 스쳐 가는 어머니와의 추억을 되새기며 눈물을 쏟았다. 연신 눈물을 닦으며 걷고 또 걸어 어느새 대관령 정상에 다다랐다. 대관령 꼭대기에 서서 내려다보니 강릉의 풍경이 한눈에 들어왔다.

'아, 지금까지 나를 품고 키워 준 저 바다를 다시 볼 수

있을까? 아, 어머니가 돌아가시기 전에 다시 만날 수 있을까?'

대관령을 넘어가면 이제 고향과 어머니와는 영영 이별이라고 생각하니 사임당은 가슴이 찢어지는 것 같았다. 사임당은 슬픔을 억누르고 어머니를 그리는 마음을 담아 시를 한 수 지었다.

대관령을 넘으며 친정을 바라보다

늙으신 어머님을 고향에 두고
외로이 서울 길로 가는 이 마음
돌아보니 북촌은 아득도 한데
흰 구름만 저문 산을 날아 내리네.

시댁은 파주 율곡리에서 다시 한양으로 이사해 수진방이라는 동네에 있었다. 오랜만에 며느리와 손주들을 본 시어머니 홍씨 부인은 맨 처음 사임당을 맞을 때만큼이나 반갑게 맞아 주었다.

"아이고, 녀석들. 못 본 사이에 많이 컸구나. 그래, 말로만 들었던 현룡이가 바로 너로구나."

사임당은 시댁으로 올라온 다음 해에 막내아들 우를 낳았다. 서른아홉의 늦은 나이에 아이를 낳고 난 뒤 사임당의 몸은 무척 쇠약해졌다.

사임당은 다시 돌아온 한양에서의 생활이 행복하지 않았다. 몸은 약해질 대로 약해졌는데 살림을 거들어 줄 하인 한 명 없이 크고 작은 집안일들을 모두 직접 해야

했다. 또 이원수는 다정했지만, 여전히 친구들과 어울려 놀고 술 마시기를 좋아해 집안을 잘 돌보지 않았다. 게다가 돈벌이가 없어 집안 형편은 점점 기울어지기만 했다.

힘겨운 나날이 거듭될수록 사임당의 건강은 더욱 나빠졌고, 친정어머니가 더욱 그리워졌다. 사임당은 친정어머니가 그리운 만큼 시어머니를 더욱 지극정성으로 모셨다. 하지만 사임당의 외로움과 그리움은 잦아들 줄을 몰랐다. 사임당은 친정어머니에 대한 사무치는 그리움을 달래 보려고 꼬박 밤을 새우며 시를 쓰기도 했다.

어머님 그리워

산 첩첩 내 고향 천 리이건만
자나 깨나 꿈속에도 돌아가고파
한송정 옆에는 외로이 뜬 달
경포대 앞에는 한 줄기 바람
갈매기는 모래톱에 흩어질락 모일락

고깃배들 바다 위로 오고 가리니

언제나 강릉 길 다시 밟아 가

색동옷 입고 어머니 슬하에서 바느질할꼬.

한편 사임당이 한양으로 올라온 뒤로 남편 이원수의 생활을 지켜보니, 아침에 나가 저녁이 다 되어서야 들어오는 날들이 이어졌다. 아픈 내색을 하지 않으려고 안간힘을 쓰며 아내로서, 며느리로서, 어머니로서 해야 할 일에 최선을 다하는 자신의 모습과는 영 달랐다.

오늘도 이원수는 갓끈을 고쳐 매고 도포 자락을 휘날리며 바삐 대문을 나섰다.

"서방님, 이른 시간부터 어딜 그리 바삐 가시는지요. 혹시 남몰래 과거 준비라도 하고 계십니까?"

사임당이 황급히 이원수를 따라 나서며 물었다.

"허허, 이 사람도 참! 집안 어르신이 우의정에 오르셨는데, 과거 준비를 할 필요가 뭐가 있겠소. 내 다녀오리다."

우의정 이기는 이원수의 당숙으로, 당대 최고의 세력을

떨치고 있는 권세가였다. 그래서 벼슬이라도 한자리 얻어 볼까 하는 얄팍한 속셈으로 그 집에 드나들며 눈도장을 찍는 사람들이 많았다. 그 사람들 속에 남편 이원수가 있다고 생각하니 사임당은 불안해서 일이 손에 잡히지 않았다.

이원수는 밤이 깊어서야 집으로 돌아왔다.

"서방님, 요즘 계속 이기 대감 댁에 드나드셨습니까?"

사임당이 걱정스럽게 묻자 이원수는 이해할 수 없다는 표정으로 대꾸했다.

"조카가 당숙 어른을 찾아뵙는 것이 이상하오? 아니면 내가 그 댁에 가지 말아야 할 이유라도 있소?"

"그런 것은 아닙니다. 집안 어른께 예를 갖추는 것은 조금도 문제가 되지 않습니다. 하지만 그분의 권력에 얹혀 과거를 치르지도 않고 벼슬을 얻는다면, 그것이 과연 옳은 방법일까 하는 것입니다. 정당하지 못한 방법으로 권력을 얻는다면 그 힘은 결코 오래가지 못할 것입니다. 또한 이기 대감께서도 정의롭지 못한 방법으로 지금의 벼슬에 오르셨다고 들었습니다. 먼 훗날 우리 모두에게 화가 될까 염려가 됩니다. 그러니 우의정 영감 댁에 자주 드나들지 마십시오."

"흠흠, 부인. 별걱정을 다 하시오. 내 알아서 할 터이니 걱정하지 마시오."

이원수는 큰소리를 치긴 했지만, 여러 가지 생각들로 머릿속이 복잡해 쉬이 잠이 오지 않았다.

'당숙 어른께서는 당신의 뜻을 거스르는 자들은 누구든 거침없이 몰아내곤 했지. 누군가를 몰아내기 위해 늘 음모를 꾸미고 실행하고, 또 그 반대편에 있는 자들은 공격의 기회를 노리고 있지. 그러고 보니 참 어지러운 판국이군.'

이원수는 밤새 뒤척이며 사임당의 말을 골똘히 생각해 보았다. 그러고는 사임당의 슬기로운 안목에 다시 한 번 감탄했다.

이원수는 날이 밝기를 기다렸다가 사임당의 기척이 들리자 벌떡 일어났다.

"부인, 내가 눈앞의 벼슬에 눈이 멀어 큰 실수를 할 뻔했소. 부인의 말이 맞소."

이후로도 이기는 영의정까지 올라 더욱 막강한 권력을 휘둘렀다.

하지만 세월이 흘러 새로운 임금이 즉위하자, 과거에 이기가 저지른 잘못된 행동들을 바로잡는 데 힘썼다. 이기는 이미 죽고 없었지만 그의 묘비를 뽑아 버리고 그동안의 공적을 모두 없애 버렸으며, 이기의 집에 드나들며 벼슬을 얻은 사람들도 모두 쫓아내고 말았다. 다행히도 이원수는 정의롭고 슬기로운 사임당을 아내로 둔 덕분에 이러한 치욕을 당하지 않아도 되었다.

자신의 실수를 뉘우친 이원수는 마음을 다잡고 과거 준비에 전념했다. 쉰이 다 되어 가는 나이에 새로운 마음으로 공부를 시작한다는 것이 결코 쉽지 않았다. 하지만 사임당은 이원수가 공부에만 전념할 수 있도록 늘 신경 써 주었으며, 이원수가 공부하는 동안에는 옆에서 함께 글씨를 쓰거나 그림을 그렸다.

사임당은 집안일에 치여 피곤하고 지쳐도 늘 종이와 붓, 먹과 벼루를 가까이하며 학문과 예술에서 손을 놓지 않았다. 또 아이들을 가르치는 일도 소홀히 하지 않았다.

이런 사임당의 모습은 아이들이 학문을 닦고 각자의 재능을 키우는 데 훌륭한 본보기가 되었다.

10. 사임당의 예술혼, 향기로 되살아나다

 한 번 들은 것은 절대 잊어버리는 일이 없는 현룡의 영특함은 모르는 사람이 없을 정도였다. 현룡이 여섯 살 때 한양으로 올라온 뒤로, 현룡은 사임당에게 『논어』, 『맹자』, 『중용』, 『대학』을 배워 일곱 살쯤에는 능통하게 되었다.
 현룡이 열세 살이 되던 해, 사임당은 그동안 가르친 것을 확인해 볼 겸 현룡을 과거 시험에 내보내기로 했다.
 "아직은 나이가 어리니, 편안한 마음으로 임하도록 하여라."
 사임당은 어린 현룡의 짐을 챙겨 주며 일렀다.
 "예, 어머니. 최선을 다하겠습니다."

현룡은 엎드려 큰절을 하고는 당당하게 시험장으로 향했다. 시험장은 전국 각지에서 몰려든 사람들로 가득했다. 하지만 아무리 둘러보아도 현룡처럼 어린아이는 찾아볼 수 없었다.

드디어 시험 문제가 발표되었다. 현룡은 어른들 틈에 앉아 잠시 깊이 생각을 하더니 붓에 먹을 듬뿍 적셔 진지하게 글을 써 내려가기 시작했다. 시험장에는 붓이 종이 위를 스치는 소리만이 가득했다. 어느새 현룡의 이마와 콧잔등에는 송골송골 땀이 맺혔다. 정해진 시간이 지나자 현룡은 정성껏 쓴 답안지를 내고 시험장을 나왔다.

드디어 합격자 이름이 마을 한가운데 담벼락에 나붙었다. 마을 사람들과 가족들은 현룡의 시험 결과가 궁금해 마음을 졸였지만, 오히려 현룡과 사임당은 태연했다. 현룡과 가족들이 현룡의 이름을 찾고 있을 때 저쪽에서 웅성거리는 소리가 들려왔다.

"이번 시험의 장원은 한양의 선비 이이가 차지했군."

"뭐요? 이이라고요? 혹시 사임당의 어린 아들 아니오?"

"대단하군! 그 어린 나이에 장원 급제라니!"

사람들이 모여 있는 쪽으로 가 보니, 현룡의 원래 이름인 '이이'가 따로 크게 적혀 있었다.

현룡이 장원 급제했다는 소문은 삽시간에 온 마을에 퍼졌다. 또 구백 리 길을 돌고 돌아 외할머니 이씨 부인이 있는 북평 마을까지 전해졌다. 그러나 사임당의 표정에는 그늘이 서려 있었다. 아직 어린 현룡이 이번 일을 계기로 교만해져서 학문에 소홀할까 봐 내심 걱정이었던 것이다. 하지만 어머니의 어진 성품을 고스란히 닮은 현룡은 성숙한 만큼 더 겸손해졌고 학문에 더욱 더 정진해 그 뒤로도 무려 아홉 번이나 과거에 급제했다. 또한 벼슬에 연연하지 않고, 오히려 사람은 끊임없이 공부하고 마음을 닦아 선을 행해야 한다고 생각했다. 그래서 벼슬에 오른 뒤에도 세상을 떠날 때까지 고향인 파주 율곡리와 조정을 오가며 학문과 나랏일에 힘썼다.

반면 이원수는 과거를 볼 때마다 번번이 낙방해 변변한 벼슬자리에도 오르지 못해 가족들 볼 낯이 없었다. 하지만 자신이 이루지 못한 일을 어린 아들이 해냈다고 생각하니 기특하고 뿌듯했다.

이이가 과거에 급제하고 이 년 후, 사임당의 집안에 또 한 번의 경사가 났다.

"부인, 부인! 어디 있소!"

외출하고 돌아오는 이원수가 다급하게 사임당을 찾았다.

"아니, 서방님. 무슨 일이십니까."

사임당은 물에 젖은 손을 앞치마에 닦으며 달려 나왔다.

"아주 큰일이 생겼소. 암, 큰일이고말고."

사임당은 두방망이질 쳐 대는 가슴을 진정시키며 되물었다.

"아이고, 서방님. 애 좀 그만 태우고 어서 말씀해 보시지요."

"에헴, 내 이야기 들을 준비가 됐소? 이제 슬슬 이야기를 꺼내도 되겠소?"

이원수는 한참이나 뜸을 들이다가 본론을 시작했다.

"놀라지 말고 잘 들으시오. 내가…… 내가 말이오, 수운

판관에 임명되었지 뭐요."

"네에? 참말인가요? 서방님, 정말 축하드립니다."

"부인, 그동안 고생 많았소. 내가 이 자리에 오르게 된 것은 모두 당신 덕분이오. 고맙소."

그때 사임당의 나이 마흔일곱, 이원수의 나이 쉰이었다.

사임당은 어린 아들이 장원 급제했을 때보다 더 환히게 웃으며 뜨거운 눈물을 흘렸다. 이원수는 아무 말 없이 눈물만 흘리고 있는 사임당의 두 손을 꼭 잡았다. 사임당은 열아홉 꽃다운 나이로 이원수와 혼인했을 때부터 지금까지의 세월이 떠올라 흐르는 눈물을 멈출 수 없었다.

수운판관은 각 지방에서 세금으로 바치는 곡식을 한양으로 실어 오는 일을 하는 벼슬이었다. 그리 높은 벼슬은 아니었지만, 덕분에 집안 살림이 조금 여유로워졌다.

"부인, 이제야 우리 형편이 조금씩 나아지겠구려. 날이 따뜻해지면 우선 조금 넓은 집으로 이사를 합시다. 벌써 이곳에서 산 지 십 년이 다 되어 가지 않소."

지금 살고 있는 수진방이 너무 낡고 좁긴 했지만, 사임당은 그동안 직접 쓸고 닦으며 정든 집을 떠나기가 섭섭했다. 하지만 집안 형편이 좋아져 이사를 한다고 생각하니 조금은 위로가 되었다.

다음 해 봄이 되자, 사임당 가족은 삼청동으로 이사를 했다. 사임당은 비로소 마음 편히 글씨를 쓰고 그림을 그릴 수 있었다. 그러나 마흔여덟이 된 사임당은 몸이 많이 쇠약해져서 오랫동안 책상 앞에 앉아 있을 수가 없었다.

계절이 또 한 번 바뀌어 녹음 짙은 여름이 되었다.

"부인, 이곳으로 이사 온 지 얼마 되지도 않았는데, 내 평안도에 다녀와야 하오."

이원수는 평안도 지방의 세곡을 한양으로 실어 오라는 임금의 명령을 받았던 것이다.

"집 걱정은 마시고 몸 건강히 잘 다녀오십시오."

사임당은 왠지 불안하고 심란했지만 나랏일을 하러 떠나는 남편 이원수가 마음 편히 떠날 수 있도록 짐짓 태연한 척하며 말했다.

"부인, 그런데 이번에 선과 이를 함께 데려가려고 하오. 강원도와 한양보다 더 넓은 곳에서 새로운 문물을 경험해 보는 것이 아이들에게도 도움이 되지 않겠소."

사임당은 아이들까지 데려가겠다는 남편에게 서운한 마음이 들었지만, 아이들에게 온 좋은 기회를 마다할 이유가 없었다.

"몸조심하고, 많이 보고 많이 배워 오거라. 아버지 잘 모시고."

사임당은 먼 길을 떠나는 아이들을 격려해 주었다.

"예, 어머님. 걱정하지 마십시오. 저희가 함께 가니 아버지께서 더욱 든든하지 않으시겠습니까."

선과 이는 오히려 듬직하게 사임당을 다독이며 안심시켜 주었다.

이원수와 아들 둘이 떠나고 난 집은 적막하기 이를 데가 없었다. 사임당은 마음 한쪽에 구멍이라도 난 듯 허전했다. 사임당은 남편과 아들들이 보고 싶을 때마다 편지를 자주 썼다.

시간이 지날수록 짙어 가는 그리움에 사임당의 건강은 눈에 띄게 안 좋아졌다. 책상 앞에 앉아 붓을 잡는 일조차 힘에 부치기 시작한 지 여러 날이 지났다.

사임당은 평안도에 있는 남편과 아들들에게 편지를 썼다. 마지막 편지가 될 것 같은 슬픈 예감이 편지 위에 방울방울 눈물 자국으로 찍혀 멀리 평안도까지 고스란히 전해졌다. 그리고 남아 있는 아이들에게는 자신이 병석에 누웠다는 소식을 전하지 말라고 신신당부했다.

"아버지는 나랏일을 하러 가신 것이다. 그런데 집안일을 신경 쓰느라 나랏일을 망친다면 어찌 되겠느냐. 그러니 이 어미 말을 명심하거라."

아이들은 어머니 사임당의 뜻을 충분히 이해했기에 감히 아버지에게 어머니의 병환 소식을 전할 수 없었다.

사임당이 자리에 누워 꼼짝 못하고 앓은 지 사흘이 지났다. 그 사이 이원수와 선과 이는 한양으로 오고 있었다. 사임당은 남편과 아들들이 보고 싶었지만 더 이상 버틸 힘이 없었다.

"얘야……."

사임당은 말라붙은 입술을 겨우 달싹거렸다.

"예, 어머니. 조금만 힘을 내세요. 곧 아버지가 오실 것입니다."

매창은 한시도 자리를 뜨지 않고 어머니 곁에서 간호를 하고 있었다.

"아니다. 내가 이제 더는 견딜 수가 없을 것 같구나. 동생들을 모두 불러오너라."

아무것도 모른 채 매창의 손에 이끌려 온 아이들은 사임당을 둘러싸고 앉아 눈물을 흘리기 시작했다. 사임당은 아이들을 한 명씩 안타까운 눈빛으로 오랫동안 바라보았다.

"내가 이제 다시 일어나지 못할 것이다. 내가 없어도 아버지를 잘 모셔야 한다. 그리고 강릉에 계신 외할머니께도 종종 소식 전하고 찾아뵙도록 하여라."

사임당은 마지막까지 평소와 다름없이 차분하고 조용한 목소리로 말했다.

"항상 겸손하고, 옳지 않은 길은 쳐다보지도 말고 가지도 말거라."

사임당은 말을 마치고 조용히 눈을 감더니 고르게 숨을 내쉬며 잠이 들었다. 아이들은 간신히 잠든 어머니를 깨울세라 까치발로 살금살금 밖으로 나갔다. 하지만 1551년 5월 17일, 어둠이 채 걷히지도 않은 새벽녘, 사임당은 마흔여덟의 젊은 나이로 세상을 떠나고 말았다.

"어머니, 어머니!"

세상 누구보다 인자하고 어진 어머니를 잃은 아이들의 통곡 소리가 온 마을에 울려 퍼졌다. 사임당을 아는 모든 사람들도 함께 슬퍼하며 안타까워했다.

날이 밝자, 이원수와 아들들은 한양 서강 나루터에 막 도착했다. 평안도에서 싣고 온 세곡을 부리고 집으로 돌아갈 짐을 챙기고 있을 때였다. 저 멀리에서 하인 하나가 헐떡거리며 넘어질 듯 위태롭게 달려오는 것이 보였다.

"이보게, 무슨 일인데 이리 급히 달려오는 게야?"

하인은 이원수의 얼굴을 보자마자 아무 말도 못하고 땅바닥에 털썩 주저앉아 통곡을 하기 시작했다.

"무슨 일이냐고 묻지 않았는가? 어서 말하지 못하겠나?"

이원수가 버럭 소리를 지르자 하인은 겨우 입을 열었다.

"저⋯⋯ 마님께서⋯⋯ 사실은⋯⋯ 오늘 새벽에 마님께서 돌아가셨습니다."

너무나 갑작스러운 일이 믿기지 않아 이원수는 눈물도 나오지 않았다.

"뭐야? 그럴 리가 없어! 제대로 알고 온 것 맞나?"

이원수와 아들들은 서둘러 집으로 달려갔다.

"아아, 어머니! 어머니!"

이이는 집 앞에서부터 느껴지는 심상치 않은 분위기에

통곡하며 집 안으로 뛰어 들어갔다.

비로소 사임당의 제단 앞에 일곱 남매가 모두 모였다. 아이들의 눈에서는 눈물이 그치지 않았다.

사임당은 꿈에도 그리워하던 강릉 앞바다 대신 푸른 임진강 물결이 넘실대는 파주 자운산 기슭에 묻혔다.

사임당은 세상을 떠나고 없지만, 일곱 명의 아이들에게 저마다 사임당의 모습이 남아 있었다.

맏딸 매창은 그림 솜씨가 뛰어났으며, 행실이 바르고 반듯했다. 이이가 나랏일을 의논할 만큼 존경해 마지않는 훌륭한 학자이기도 했다. 둘째 아들 번은 평생 과거를 보지 않고 학문만 닦은 청렴하고 강직한 선비였으며, 막내아들 우는 명필로, 또 거문고를 잘 타서 거문고 명인으로도 이름을 떨쳤다.

이이가 조선 시대 최고의 유학자가 되었을 때에 사임당은 이이 같은 훌륭한 사람을 교육시킨 현명하고 훌륭한 어머니의 본보기로 다시 한 번 세상에 이름이 널리 알려지며 기억되었다.

사임당은 일곱 명의 아이들을 모두 어질고 총명하게 키워 냄으로써 어릴 때부터 스스로 태임을 본받고자 했던 자신의 꿈을 이룬 것이다.

여성의 능력을 제대로 펼칠 수 없는 시대에 태어난 사임당은 수많은 제약을 받으면서도 '여성'이 아닌 '인간 신사임당'의 꿈과 희망을 포기하지 않았다. 사임당은 이러한 끈기와 집념을 그림과 시를 통해 그리고 자식들을 통해 오늘날까지 우리에게 전하며, 자신만의 예술 세계를 완성한 뛰어난 여성 예술가로 역사에 길이 남게 되었다.

역사인물 돋보기

신사임당 (1504~1551)

남편을 열심히 내조하고 자식들을 훌륭하게 길러 낸
'현모양처'로 유명한 신사임당.
신사임당의 꿈은 현모양처가 전부였을까?
여성에 대한 차별이 심하던 조선 시대에 태어나
뛰어난 재능으로 다양한 분야에 이름을 남긴
신사임당의 삶을 구석구석 살펴보자!

1. 신사임당은 어떤 시대에 살았을까?

남성 중심의 나라 조선

유교를 기본 이념으로 삼았던 조선 시대에는 남녀 차별이 심했습니다. 남자가 가족을 책임지고 지배한다는 '가부장적' 질서 아래에서 여자는 남자보다 항상 낮은 위치에 있었습니다. 여자가 아무리 능력이 있고 재능이 뛰어나도 그 뜻을 펼치기 어려웠고, 오로지 남편을 내조하고 자식을 잘 키우는 것만이 여자의 가장 중요한 덕목이었습니다. 따라서 여자들은 대부분 집 안에서만 생활하였으며, 교육 기관에서 제대로 된 교육도 받을 수 없었습니다.

조선 시대의 결혼 풍습

고려 시대의 전통이 많이 남아 있던 조선 초기까지만 해도 조선 후기만큼 남자와 여자의 차별이 심하지 않았습니다. 결혼 풍습 역시 신랑이 신부 집에 가서 결혼식을 하고 그곳에서 살다가 신랑 집으로 함께 돌아가는 것이 대부분이었습니다. 신사임당이 결혼 후에 친정인 강릉에서 오랫동안 지낼 수 있던 것도 이러한 전통이 남아 있었기 때문입니다. 그러나 시간이 지나면서 가부장적인 질서가 굳어져, 결혼식을 올리고 신랑 집으로 떠난 여자는 '출가외인'이라고 하여 다시는 친정에 갈 수 없었고 친정의 재산을 물려받지도, 여러 행사에 참여할 수도 없었습니다.

신사임당이 태어나고 자란 강릉의 오죽헌. 결혼 후에도 이곳에 머물렀으며 율곡 이이도 여기에서 태어났다.

2. 최고의 어머니 신사임당의 훌륭한 자식들

율곡 이이

율곡 이이는 신사임당의 일곱 자식 중 다섯 번째 아들입니다. 어린 시절부터 똑똑하고 영리했던 율곡 이이는 열세 살 때부터 관직에 나가기 전까지 총 아홉 번이나 장원 급제를 하여 '구도장원'이라 불리기도 합니다. 퇴계 이황과 함께 조선 시대 최고의 유학자로 손꼽힙니다. 백성을 생각하는 올곧은 마음으로 임금에게 목숨을 건 옳은 말도 서슴지 않은 훌륭한 정치가로도 알려져 있습니다. 어머니인 신사임당과 함께 우리나라 화폐에 초상이 실려 있는데, 율곡 이이는 오천 원권에서, 신사임당은 오만 원권에서 그 모습을 찾아볼 수 있습니다.

율곡 이이 초상

이매창

이매창은 신사임당의 맏딸입니다. 어머니에게서 인품, 학문, 예술적 재능까지 모두 물려받아 '작은 사임당'으로 불리기도 했습니다. 신사임당은 맏딸의 이름을 '매화가 핀 창'이라는 뜻의 '매창'이라 지을 정도로 매화를 좋아했는데, 매창 역시 매화를 사랑하여 매화를 그린 그림을 남겼습니다. 정식 미술 교육을 받은 적은 없지만 이 그림을 통해 매창은 웬만한 화가 못지않은 그림 실력을 선보이며 어머니인 신사임당에 이어 뛰어난 예술적 재능을 드러냈습니다.

매창의 〈매화도〉

이우

이우는 신사임당의 막내아들입니다. 예로부터 시와 서예, 그림에 모두 뛰어난 예술가를 '삼절'이라고 불렀는데, 이우는 시와 서예, 그림뿐만 아니라 거문고에까지 빼어난 재능을 보여 '사절'이라 불리는 훌륭한 예술가였습니다. 특히 이우의 서예 솜씨는 당시 임금이던 선조에게도 알려져 임금이 주는 상을 여러 번 받았습니다.

3. 신사임당의 예술 세계

초충도

신사임당이 남긴 초충도 가운데
〈가지와 방아깨비〉

현모양처로만 알려져 있던 신사임당이 예술가로서 다시 주목받을 수 있었던 것은 신사임당이 남긴 그림들 덕분입니다. 특히 신사임당은 꽃과 새, 풀과 벌레를 잘 그리는 것으로 유명합니다. 여성이라는 이유로 집 바깥으로 쉽게 나갈 수 없었던 신사임당이 가장 쉽게 접할 수 있었던 소재는 바로 마당과 뒤뜰에 있는 자연이었습니다. 초충도는 '풀과 벌레를 그린 그림'이라는 뜻인데 신사임당의 초충도는 남자들은 표현할 수 없는 섬세함과 우아함이 최고의 경지에 이르렀다는 평가를 받고 있습니다.

예술로 전해지는 그리움

신사임당은 집안일을 하고 자식들을 가르치는 틈틈이

글씨도 썼는데, 그 수준 역시 대단했습니다. 신사임당의 글씨체는 깔끔하고 단아하여 많은 이들이 좋아했습니다. 그 결과 신사임당의 글씨체를 따라 쓰는 사람들이 생겨나 '사임당 서파'라는 말도 생겨났습니다. 이렇듯 빼어난 글씨체로 신사임당은 본문에 실린 「대관령을 넘으며 친정을 바라보다」와 「어머님 그리워」 두 편의 시를 남겼습니다. 고향과 어머니에 대한 그리움을 감수성 있게 표현한 이 두 작품을 통해 신사임당의 예술적 재능과 부모님에 대한 효심을 느낄 수 있습니다.

4. 신사임당에게 영향을 미친 사람들

안견 (14??~14??)

안견은 조선 초기 세종부터 세조 때까지 활동한 화가입니다. 세종의 셋째 아들인 안평 대군을 가까이 섬겼으며, 안평 대군이 꿈에서 본 생생한 도원의 풍경을 안견에게 들려주며 그리게 한 그림이 바로 〈몽유도원도〉입니다. 조선 초기부터 중기까지 대부분의 화가가 안견의 영향을 받았을 만큼 안견은 조선 시대 화가들에게 큰 영향을 미친 인

〈몽유도원도〉

물입니다. 신사임당 역시 일곱 살 때부터 〈몽유도원도〉를 따라 그리며 그림 연습을 했습니다. 안견은 〈몽유도원도〉 외에도 〈사시팔경도〉, 〈적벽도〉 등의 작품을 남겨 정선, 김홍도, 장승업과 함께 조선 4대 화가로 꼽힙니다.

태임 (??~??)

중국 주나라 문왕의 어머니로 성품이 의로웠으며 특히 자식 교육에 남달랐다고 전해집니다. 문왕이 배 속에 있을 때부터 나쁜 것을 보지 않고 악한 말을 하지 않는 등 엄격한 태교를 했습니다. 이러한 태교를 바탕으로 태어난 문왕은 매우 총명해서 하나를 가르치면 열을 알았고, 훗날 백성에게 덕을 베푸는 정치를 한 뛰어난 왕으로 역사에 남았습니다. 태임을 존경했던 신사임당은 '태임을 본받는다.'는 의미의 '사임당'이라는 호를 스스로 짓고 태임처럼 엄격하게 태교를 하고 자식을 교육시켰습니다.

5. 한눈에 보는 신사임당의 발자취

1504년 강원도 강릉 북평 마을의 오죽헌에서 태어났습니다.

1510년 안견의 〈몽유도원도〉를 따라 그리고 꽃, 풀, 벌레 등을 그리며 본격적인 그림 공부를 하기 시작합니다.

1522년 이원수와 결혼합니다. 결혼한 뒤에도 친정인 강릉에서 지냅니다.

1524년 한양에 있는 시댁으로 떠나 그곳에서 맏아들 선을 낳습니다. 이로부터 십여 년 동안 한양, 봉평, 파주 등을 옮겨 다니며 시댁 살림을 도맡아 합니다.

1536년 12월 검은 용이 나타나는 꿈을 꾸고, 그날 새벽 율곡 이이를 낳습니다.

1541년 대관령을 지나며 친정어머니와 고향을 그리워하는 시「대관령을 넘으며 친정을 바라보다」를 짓습니다.

1544년 한양에 살면서 혼자 있을 친정어머니를 생각하며 시「어머님 그리워」를 짓습니다.

1550년 남편 이원수가 지방에서 거둔 세금을 한양으로 실어 오는 벼슬인 수운판관에 임명됩니다.

1551년 남편과 아들들이 평안도 지방으로 떠납니다. 이후 병에 걸려 몸져눕게 되고 5월, 숨을 거둡니다.

역사를 바꾼 인물들은 도전과 열정으로 역사를 바꾼 인물들의 일생을 만날 수 있는 시리즈로 아이들의 마음밭에 내일의 역사를 이끌어 갈 소중한 꿈을 심어 줍니다.

❶ **이순신**, 거북선으로 나라를 구하다 박지숙 | 학교도서관사서협의회 추천도서
❷ **김구**, 통일 조국을 소원하다 박지숙 | 학교도서관사서협의회 추천도서
❸ **루이 브라이**, 손끝으로 세상을 읽다 미술연필 | 학교도서관사서협의회 추천도서
❹ **세종 대왕**, 세계 최고의 문자를 발명하다 이은서 | 〈국어〉 교과서에 작품 수록
❺ **정약용**, 실학으로 500권의 책을 쓰다 박지숙 | 학교도서관사서협의회 추천도서
❻ **민병갈**, 파란 눈의 나무 할아버지 정영애 | 아침독서 추천도서
❼ **이회영**, 전 재산을 바쳐 독립군을 키우다 이지수 | 학교도서관사서협의회 추천도서
❽ **노먼 베쑨**, 병든 사회를 치료한 의사 이은서 | 학교도서관사서협의회 추천도서
❾ **장영실**, 신분을 뛰어넘은 천재 과학자 이지수 | 학교도서관사서협의회 추천도서
❿ **마틴 루서 킹**, 나에게는 꿈이 있습니다 이지수 | 아침독서 추천도서
⓫ **신사임당**, 예술을 사랑한 위대한 어머니 황혜진 | 학교도서관사서협의회 추천도서
⓬ **헬렌 켈러**, 사흘만 볼 수 있다면 황혜진 | 어린이철학교육연구소 선정도서

황혜진 1979년 서울에서 태어났으며, 고려대학교에서 문예창작학과 국어국문학을 공부했습니다. 오랫동안 아동청소년문학 전문 기획 및 편집자로 활동하며 어린이와 청소년을 위해 유익하고 감동적인 책을 펴냈습니다. 지은 책으로는 『경주 최 부잣집은 어떻게 베풀었을까?』, 『신사임당, 예술을 사랑한 위대한 어머니』가 있습니다.

원유미 1968년 서울에서 태어나 서울대학교에서 산업디자인을 공부했습니다. 초등학교 〈국어〉 교과서에 실린 동화 『우리는 한편이야』의 그림을 그렸으며, 그린 책으로 『잔소리 없는 날』, 『나와 조금 다를 뿐이야』, 『너무라는 말을 너무 많이 써!』, 『초대장 주는 아이』, 『루이 브라이, 손끝으로 세상을 읽다』 등이 있습니다.

역사를 바꾼 인물들

도전과 열정으로 역사를 바꾼 인물들의
일생을 만날 수 있는 시리즈로
아이들의 마음밭에 내일의 역사를 이끌어 갈
소중한 꿈을 심어 줍니다.

❶ 이순신, 거북선으로 나라를 구하다
박지숙 글 | 송지영 그림

- 이순신의 어린 시절부터 죽음의 순간까지 전 생애를 통해 중요한 역사적 사건인 임진왜란을 실감함으로써 머리가 아닌 마음으로 역사를 배우도록 했다. – 〈문화일보〉
- 이순신의 어린 시절과 류성룡과의 우정, 장성해 꿈을 위해 정진하는 모습 그리고 가족을 위하는 자상한 모습까지 '임진왜란의 성웅' 이순신뿐 아니라 '인간' 이순신을 만날 수 있다. – 〈독서신문〉

★ 학교도서관사서협의회 추천도서

❷ 김구, 통일 조국을 소원하다
박지숙 글 | 원유미 그림

- "나는 우리나라가 세계에서 가장 아름다운 나라가 되기를 원한다. 가장 부강한 나라가 되기를 원하는 것이 아니다." 백범의 이 말은 여전히 우리에게 깊은 울림을 준다. – 〈연합뉴스〉
- 물질 만능주의와 이기주의로 빛바랜 지금 이 시대에 튼튼하고 올곧은 나라를 세우고자 했던 김구의 숭고한 뜻과 영혼을 아이들의 눈높이에 맞춰 담아냈다. – 〈독서신문〉

★ 학교도서관사서협의회 추천도서

❸ 루이 브라이, 손끝으로 세상을 읽다
마술연필 글 | 원유미 그림

- 사고로 시각을 잃은 후, 보고 읽는 기쁨을 포기할 수 없었던 루이 브라이가 오늘날 시각장애인들의 손끝에서 세상을 밝혀 주는 여섯 개의 점을 발명하기까지의 감동적인 여정. – 〈국민일보〉
- 점자는 시각장애인이 세상과 통할 수 있는 유일한 수단이다. 헬렌 켈러, 레이 찰스와 같은 시각장애인들을 점자를 통해 위인으로 이끈 루이 브라이의 삶이 감동을 준다. – 〈연합뉴스〉

★ 학교도서관사서협의회 추천도서

❹ 세종 대왕, 세계 최고의 문자를 발명하다
이은서 글 | 김지연 그림

- 백성을 향한 사랑을 가장 큰 원동력으로 삼으며 살다간 세종대왕의 일생을 통해 아이들에게 한글과 우리 역사에 대한 애정과 진정한 지도자의 덕목을 전해준다. – 〈독서신문〉
- 시력을 잃어 가면서도 "말과 글은 같아야 한다"는 생각으로 훈민정음을 창제한 세종 대왕의 삶에 숨겨진 피땀 어린 노력과 백성을 향한 깊은 사랑을 되새겨 보게 한다. – 〈부산일보〉

★ 〈학교도서관저널〉 추천도서

❺ 정약용, 실학으로 500권의 책을 쓰다

박지숙 글 | 양상용 그림

- 한자가 생긴 이래 가장 많은 책을 쓴 학자, 정약용. 신분으로 사람의 가치를 평가하던 시대에 사람을 귀하게 여겼던 정약용이 살아온 삶의 여정과 그의 개혁 사상을 담았다. – 〈뉴시스〉
- 유네스코가 기념한 인물 정약용. 엄격한 신분제 시대에도 불구하고 평등사상에 근거해 토지분배와 능력에 따른 직업 배치 등 개혁을 주장한 정약용의 삶을 담고 있다. – 〈국제신문〉

★ 학교도서관사서협의회 추천도서

❻ 민병갈, 파란 눈의 나무 할아버지

정영애 글 | 이수아 그림

- 미국 국적을 버리고 한국에 귀화해 '서해안의 푸른 보석'이라 불리는 천리포수목원을 설립한 민병갈 박사의 숭고한 자연 사랑 정신과 철학을 되새기게 한다. – 〈한겨레〉
- 아시아에서는 최초, 세계에서는 열두 번째로 국제수목학회에 의해 '세계의 아름다운 수목원'으로 지정된 천리포수목원을 설립한 귀화 한국인 민병갈의 자연에 대한 애정과 노력이 담겼다. – 〈뉴시스〉

★ 아침독서 추천도서

⑪ 신사임당, 예술을 사랑한 위대한 어머니

황혜진 글 | 원유미 그림

• 여성이 능력을 발휘할 수 없었던 조선 시대에 태어나 남편과 자식을 뒷바라지하느라 자신을 드러낼 수 없었던 신사임당. 그녀가 남긴 그림과 시와 글씨에는 진한 감동과 울림을 뛰어넘는 무언가가 있다. 바로 열정과 의지와 집념이다. 뭐든지 쉽게 포기하고 누군가에게 의지하려고만 하는 오늘날 '예술가 신사임당'의 삶은 어린이들이 꿈을 품을 수 있는 마중물이 되어 준다.

★ 시대적 한계에도 불구하고 꽃피운 예술혼

⑫ 헬렌 켈러, 사흘만 볼 수 있다면

황혜진 글 | 김미은 그림

• 보지도 듣지도 말하지도 못한 헬렌 켈러는 자신이 겪은 외로움과 무지의 고통을 통해 사람들과 소통하는 행복과 지식의 기쁨을 깨달았다. 그래서 헬렌 켈러는 소외되고 상처받은 사람들에게 동정심이 아닌 공감하는 마음으로 다가갔으며 그들의 권리를 찾기 위해 평생을 바쳤는데, 그 삶은 지금도 우리에게 마음은 마음으로만 볼 수 있음을 웅변한다.

★ 마음의 눈으로 세상을 바꾼 휴머니스트

〈평범한 사람이 세상을 바꾼다〉
'우리는 모두 영웅이 될 수 있다!'

세계적으로 유명한 위인들도 처음에는 평범한 사람이었습니다.
그런데 어떻게 세상을 바꾸는 영웅이 되었을까요?
〈뉴욕타임스〉 베스트셀러 작가 브래드 멜처의
위인전기 그림책 시리즈 〈평범한 사람이 세상을 바꾼다〉는
영웅들의 일대기를 통해 재미와 감동은 물론
평범함을 위대함으로 바꾼 열쇠를 찾게
해 줄 것입니다!

보물창고   www.prooni.com   전화 02-581-0334~5   이메일 prooni@prooni.com
카페 cafe.naver.com/prbm   블로그 blog.naver.com/proonibook